Jürgen Blandow

Gleis 1 – Südseite

Die Geschichte der Bahnhofsmission in Bremen (1898–1998)

EDITION TEMMEN

Die Deutsche Bibliothek – CIP-Einheitsaufnahme

Blandow, Jürgen : Gleis 1 – Südseite. Die Geschichte der Bahnhofsmission in Bremen (1898 - 1998) / Jürgen Blandow. -
Bremen : Ed. Temmen, 1998

ISBN 3-86108-618-2

Umschlagabbildung:

Dienst auf Gleis 1, Nachweis: Verein für Innere Mission

© Edition Temmen
Hohenlohestr. 21 – 28209 Bremen
Tel. 0421-34843-0 – Fax 0421-348094

Herstellung: Edition Temmen

ISBN 3-86108-618-2

Inhalt

Einleitung

»Die Bahnhofsdienste und Bahnhofsmissionen entstanden nicht in einem klar umgrenzten Vorgang oder einzelnen Akt, sondern entwickelten sich auf der Grundlage vielgestaltiger sozialer Bestrebungen mit mehr oder weniger ausgeprägt religiösem Hintergrund.«[1]

Diese Feststellung von Bruno Nikles, Autor einer umfassenden Geschichte der Bahnhofsmission, charakterisiert auch trefflich die spezielle Geschichte der bremischen Bahnhofsmission. Ihre Anfänge liegen jetzt 100 Jahre zurück. Der »erste Versuch« am Hauptbahnhof Bremen wurde nur vier Jahre nach der ersten organisierten Arbeit im Berliner Bahnhof und genau ein Jahr nach dem ersten Zusammenschluß der evangelischen Bahnhofsmissionen zur »Kommission der Deutschen Bahnhofsmission« gemacht. Dank eines besonderen Engagements sowohl der Gründerpersönlichkeiten als auch der ersten Bahnhofsmissionarinnen entwickelte sich die Bremer Bahnhofsmission überraschend schnell zu einem bedeutsamen Bestandteil der evangelischen Bestrebungen zum »Mädchenschutz«, darüber hinaus der evangelischen Liebestätigkeit in Bremen überhaupt.

Seit 1929 gab es in Bremen auch Bestrebungen zur Gründung einer katholischen Bahnhofsmission. Aus Gründen, die zu schildern sein werden, scheiterte der Versuch – schon in Erwartung eines bevorstehenden Verbots der konfessionellen Bahnhofsmissionen durch die Nationalsozialisten – acht Jahre später.

Zwischen 1939 und dem Kriegsende 1945 waren den Kirchen Bahnhofsmissionen untersagt. Die Nationalsozialistische Volkswohlfahrt übernahm so wie in anderen Orten in Bremen den »Bahnhofsdienst«. Nur wenige Wochen nach der »Stunde Null« wurde die Evangelische Bahnhofsmission in Bremen neu begründet, kurze Zeit später der alte Wunsch nach einer katholischen Bahnhofsmission realisiert. Seither gibt es eine, von ökumenischem Geist beseelte, Zusammenarbeit der beiden Missionen auf dem Hauptbahnhof; und dies seit 50 Jahren dort, wo noch heute das Gebäude der Bahnhofsmission steht: auf »Gleis 1 – Südseite«.

Bahnhofsmissionen sind Seismographen gesellschaftlicher, politischer, wirtschaftlicher und verkehrspolitischer, auch kirchlicher und wohlfahrtspflegerischer Entwicklungen. Auf dem Bahnhof stoßen die sozialen Probleme einer Zeit auf die jeweiligen Verkehrsströme. Die Bahnhofsmissionen sind eingebettet in die sozial- und wohlfahrtspolitischen Strukturen einer Stadt. Sie sind berührt vom jeweiligen kirchlichen, religiösen und verbandlichen Verständnis dessen, was christliche Liebestätigkeit ausmacht, ebenso von den institutionellen Interessen der kirchlichen Verbände und Vereine. Was sie tun können und was nicht, ist beeinflußt von der Bahnhofs-›Politik‹.

Unser Überblick zur Geschichte der Bremer Bahnhofsmission(en) greift die verschiedenen Fäden auf, die den Alltag, das Selbstverständnis und die fachliche Orientierung des Dienstes über 100 Jahre hinweg ausmachten. Illustriert durch Geschichten, Bilder und Anekdoten, läßt der Bericht Revue passieren, was ein Jahrhundert lang die Bahnhofsmissionarinnen und ihre ehrenamtlichen Helferinnen und Helfer, die Träger der Bahnhofsmissionen sowie ihre Kooperationspartner bewegte und in Atem hielt. Berücksichtigt werden auch die überregionalen Entwicklungen, insoweit sie für das Verständnis der regionalen Verhältnisse von Bedeutung sind, und diejenigen Bremer Persönlichkeiten, die auf die Zentralen Einfluß genommen haben.

Den ersten 50 Jahren wird in der Darstellung mehr Raum gewidmet, als den letzten. Grund hierfür ist nicht nur, daß es die erste Hälfte der vielen vergessenen Ereignisse und Details wegen besonders wert ist, in das Gedächtnis zurückgerufen zu werden. Entscheidend ist vielmehr auch, daß diese Hälfte – mit zwei Kriegen und vier verschiedenen Regierungs- bzw. Herrschaftsformen – die Bahnhofsmissionen viel stärker in den Strudel der wechselnden Ereignisse gezogen hat, als die letzten fünfzig Jahre dies getan haben. Die Bahnhofsmissionen waren auch noch nach der Gründung der Bundesrepublik Zeuge vieler gesellschaftlicher Ereignisse, aber keines von ihnen hat die Arbeit im Bahnhof zu einer grundlegenden Neuorientierung genötigt. Möglicherweise steht ihr eine solche wieder bevor, wenn ihr Umzug in das neu gestaltete Kundenzentrum des Bahnhofs abgeschlossen sein wird. Zu diesem Zeitpunkt eine Geschichte der Bahnhofsmission

zu schreiben, ist darum auch ein Stück Selbstvergewisserung unter dem Vorzeichen der Zukunftsgestaltung.

Für die Bearbeitung der Geschichte der Bremer Bahnhofsmission konnten wir uns auf verschiedene Archive stützen, für die Nachkriegsperiode auch auf Gespräche mit ehemaligen Bahnhofsmissionarinnen. Als wichtige Quellen erwiesen sich auch die »Bremer Kirchen-Zeitung« sowie die zwischen 1924 und 1936 erschienene Bremische Katholische Sonntagszeitung »Ansgarius«. Von besonderer Bedeutung waren die von Diakon Karlheinz Franke geordneten Akten zur Geschichte des Vereins für Innere Mission in Bremen. Den Repräsentanten der verschiedenen Archive, den Gesprächspartnerinnen, den Trägervertretern für die evangelische und katholische Bahnhofsmission und den gegenwärtigen Bahnhofsmissionarinnen sei sehr herzlich für ihr Entgegenkommen und ihre Hilfsbereitschaft gedankt.

Gewidmet ist die Arbeit den haupt- und ehrenamtlichen Bahnhofsmissionarinnen der letzten 100 Jahre. Sie taten ih-

Der Ort des Geschehens. Der Bremer Hauptbahnhof zur Zeit der Gründung der Bremer Bahnhofsmission. Nachweis: Bahnhofsmission Bremen

ren Dienst, der jeweiligen Zeit entsprechend, mit unterschiedlichen Schwerpunkten und einer unterschiedlichen Interpre-
tation ihres christlichen Auftrages. Von besonderer Bedeutung war unseren Gesprächspartnerinnen der ersten Nach-
kriegsjahrzehnte ein Spruch von Romano Guardini:

Das ist der Gastfreundschaft
tiefster Sinn,
daß einer
dem anderen
Rast gebe
auf dem Weg
nach dem
ewigen Zuhause.

Die organisierte Bahnhofs-
mission in Deutschland

Idee und Anfänge

Der Begriff »Bahnhofsmission« wurde von dem Vorsitzenden des Berliner »Vereins zur Fürsorge für die weibliche Jugend«, Pastor **Johannes Burckhardt**, geprägt. 1894 wurde von diesem Verein auch der erste organisierte Bahnhofsdienst eingerichtet und 1895 die erste »berufsmäßige Bahnhofsmission-Helferin«[2] eingestellt.

Pastor Burckhardt, der auch Initiator und Koordinator der Berliner »Jungfrauenvereine«* war, war der erste, der die Bahnhofsmission institutionalisierte. Vor ihm aber hatte es schon weitere Versuche und andere Impulse gegeben. Die 1854 von **Theodor Fliedner** gegründete »Mägdeherberge Marthashof« am Berliner Stadtrand hatte schon 1866 »auf allen Bahnhöfen bis 20 Meilen von Berlin ab die Adresse der Herbergen auf einem großen Plakat anschlagen lassen, und seine Berichte den Landrathsämtern und Gemeindekirchenräthen in allen den Gegenden und Orten, aus denen Mädchen nach Berlin zu kommen pflegen, mitgetheilt.«[5]

Die Sorge Fliedners richtete sich auf jene zureisenden Mädchen und jungen Frauen, die ihre Dörfer verlassen hatten, um sich in Berlin als Dienstmädchen zu verdingen. Die Mädchen sollten vor der Anonymität der seit Mitte des 19. Jahrhunderts stark aufblühenden Großstädte gewarnt bzw. auf sie vorbereitet werden. Sie sollten vor Menschen, die darauf warteten, ein Geschäft mit ›den Naiven vom Lande‹ zu machen, ihre Notlagen auszunutzen und – wenn es besonders schlimm kam – sie in die Prostitution zu zerren, geschützt werden. Ihre Seelen sollten gegen die Versuchungen, welche die Städte mit ihren Tanzböden, mit den auf ein Abenteuer wartenden ›Kavalieren‹ und dem Tand, der die Schaufenster der Geschäfte füllte, widerstandsfähig gemacht werden. Sie sollten dabei unterstützt werden, eine Herrschaft zu finden, die ihnen ein christliches Familienleben bieten würde, statt sie auszubeuten. An den »Zuziehtagen«, den Ta-

Burckhardt, Johannes (1853–1914); seit 1885 Pfarrer, ab 1889 in Berlin. Begründer bzw. Initiator der Marienheime in Berlin, des »Vereins zur Fürsorge für die weibliche Jugend« und des Evangelischen Verbandes für die weibliche Jugend Deutschlands, der Evangelischen Bahnhofsmission und des Berufsarbeiterinnenverbandes der Inneren Mission.[3]

Fliedner, Theodor (1800–1864). Pionier der sog. Rettungsarbeit für Gefangene; Begründer der Diakonissenanstalt Kaiserswerth bei Düsseldorf mit Krankenhaus und Ausbildungsstätte für Diakonissen; Initiator zahlreicher weiterer Diakonissen-Mutterhäuser.[4]

* Die damaligen »Jungfrauenvereine« entsprechen in etwa dem, was später weibliche evangelische Jugend genannt wurde. Das männliche Pendant waren die »Jungmännervereine«.

gen am Ende des Quartals, an denen der Dienstbotenwechsel stattfand, besuchte eine Diakonisse die dem Heim am nächsten liegenden Bahnhöfe, um den ankommenden Mädchen mit Rat und Tat zur Seite zu stehen und ihnen den Weg in die Herberge zu weisen.

Diesem, an der Rettung der Mädchen gelegenen »fürsorgerischen« Impuls folgte ein zweiter, dem »vorbeugenden Mädchenschutz« verpflichteter Ansatz. Während einer Tagung der »Internationalen abolistischen Föderation«* in Genf im Jahr 1877 hatten sich einige Damen aus gebildeten bürgerlichen und adeligen Kreisen darauf verständigt, etwas zum Schutz jener jungen Mädchen zu tun, die als Kindergärtnerinnen oder Kindermädchen in der Fremde ihr Brot verdienen oder die sich zur beruflichen Ausbildung in das Ausland begeben. Überzeugt von der Maxime, daß »bewahren besser ist als retten«, sollten ihnen am Ort des Dienstes Ansprechpartnerinnen, sogenannte »Freundinnen«, vermittelt werden. Sie sollten bereits am Bahnhof in Empfang genommen und in größeren Städten sollten Clubabende für sie organisiert werden. Aus dieser Initiative entstand die »Union Internationale des Amiens de la jeune Fille«, in der deutschen Benennung der »Internationale Verein der Freundinnen junger Mädchen.« Die »Freundinnen« eröffneten 1884 ihr erstes »Bahnhofswerk« in Genf.

Diese Idee breitete sich auch in Deutschland rasch aus. Zwei Jahre nach der Konferenz gab es bereits 104 Damen, die in 57 Städten als Ansprechpartnerinnen den zureisenden jungen Frauen zur Verfügung standen, und 1882 kam es zur offiziellen Gründung eines deutschen Nationalvereins der »Freundinnen«. In diesem Jahr bildete sich auch ein erstes »Damenkomitee« zum Schutz der auf dem Bahnhof ankommenden jungen Mädchen. Wenige Jahre später erteilte der preußische Eisenbahnminister, dessen Tochter Mitglied der »Freundinnen« war, die Erlaubnis, in den Eisenbahnwaggons dritter und vierter Klasse Plakate anzubringen, die auf die Arbeit der »Freundinnen« hinwiesen.

Aus der Zusammenarbeit zwischen Burckhardts Fürsorgeverein, den Jungfrauenvereinen und den »Freundinnen« entstand im Oktober 1897 die »Kommission der Deutschen Bahnhofsmission«. Sie gab sich ein rosa Kreuz auf weißem Hintergrund als Erkennungszeichen. 1899 existierten bereits

* *»Abolismus« meint »Abschaffung«. Der Begriff entstand im Zusammenhang mit der Abschaffung der Sklaverei; im Kontext der Internationalen Föderation bezeichnet er die Abschaffung der Prostitution.*

Die Begründung der Bahnhofsmission.
Von P. Burckhardt. — 1894. —

Pastor Burckhardts Bericht zur Gründung der ersten Bahnhofsmission in Berlin. Nachweis: Hennig 1906, S. 33

Im Jahre 1892 trat eines Tages ein Gerichtsaktuar ins Zimmer, ganz ergriffen von einer eben durchlebten Verhandlung, in welcher ein Mann zu drei Wochen Gefängnis verurteilt worden war, weil er ein Mädchen, unmittelbar nach der Ankunft am Bahnhof, in ein Wirtshaus verschleppt, dort ausgeplündert und dann auf die Straße geführt hatte zu unsittlichem Erwerb. „Darf so etwas möglich sein in einer christlichen Stadt? Muß da nicht ein Verein, der sich ‚zur Fürsorge für die weibliche Jugend‘ nennt, eingreifen?" Der Vorwurf saß und führte zu mehreren Verhandlungen mit Vertretern anderer christlicher Verbände, wie Stadtmission usw. Aber es bedurfte des Handelns. So erfüllten einige Diakonissenhäuser unsere Bitte und sandten Schwestern an verschiedene Bahnhöfe. Jedoch die vielfach katholischen Mädchen aus Schlesien, Posen, Westpreußen fürchteten, von ihnen ins Kloster gesteckt zu werden, kurz, mit Uniformen durfte man nicht kommen. Zwei Jahre vergingen, und am Schluß einer Vorständekonferenz entfuhr mir der Seufzer: „Ach, wenn wir doch eine Bahnhofsmission hätten!" Darauf eine energische Vereinsleiterin: „Woran fehlt es denn?" „An Helferinnen." „Gut, dann will ich helfen!" „Und ich helfe mit," „und ich auch," so ging's fort am 24. September 1894. Schnell wurde die Sache beraten, weiße Binden mit Aufschrift genäht, Bahn- und Polizeibehörde benachrichtigt, und vom 29. September bis zum 3. Oktober soviel wie möglich die Hauptbahnhöfe besetzt. Als Mitte Oktober die Helferinnen berichteten, leuchtete daraus eine solche Hingabe, Weisheit und Treue hervor, daß die Lebensfähigkeit der Sache offenbar war. Bald waren es hundert Helferinnen, und das Werk gestaltete sich nach drei Seiten: „voraufgehende, mitgehende, nachgehende Fürsorge", die sich hier nicht weiter erläutern lassen. Wie Jahresberichte vom Verein und Verband, so sind alle einschlägigen Schriften im Bureau, Berlin N., Tieckstraße 17, zu beziehen. Das Werk der Bahnhofsmission als des eigentlichen Bahnhofsdienstes ist eine Blüte des Vereins der Freundinnen junger Mädchen. Die, wie oben angedeutet, organisierte Bahnhofsmission entstammt dem Verein zur Fürsorge und hat von Berlin ihren Lauf in alle großen Städte genommen und ebenso Anregung gegeben für dasselbe Werk unter der männlichen Jugend. Möchten die christlichen Gemeinden sich auch an ihre Pflicht erinnern lassen, durch Überweisungszettel für die verziehende Jugend zu sorgen und bei sich selbst die nachgehende Fürsorge für die eingewanderte Jugend pflegen!

Fröhlich, Cyprian
(1853–1931). Kapuzinerpater. Gründer des Seraphinischen Liebeswerks, einer jugendfürsorgerischen Einrichtung und Bewegung. Wegbereiter für der katholische Bahnhofsmission, der katholischen Mädchenschutzbewegung und des Deutschen Caritasverbandes.[6]

an 55 Orten, vor allem in Großstädten, Bahnhofsmissionen. Die meisten wurden nur zu den Zeiten des Dienstbotenwechsels tätig und arbeiteten rein ehrenamtlich. Sieben der größeren Bahnhofsmissionen, unter ihnen Hamburg und Hannover, hatten aber bereits hauptamtliche Kräfte angestellt und unterhielten einen täglichen Bahnhofsdienst. Die örtliche Trägerschaft der Bahnhofsmissionen lag teils bei den »Freundinnen«, teils bei unterschiedlichen evangelischen Vereinen.

Die »Kommission der Deutschen Bahnhofsmission« verdankt ihre Existenz evangelischen Impulsen. Katholische Initiativen entfalteten sich erst in Reaktion auf jene. Zentrale Persönlichkeit auf dem Weg zu einer katholischen Bahnhofsmission war der Münchener Pater **Cyprian Fröhlich**. Der Pater war ein in der Jugendfürsorge tätiger Geistlicher aus dem Kapuzinerorden. Er hatte die Aktivitäten der Inneren Mission genau studiert. Sein besonderes Interesse erweckten die von ihm unter der Rubrik »Schutz sittlich Gefährdeter« zusammengefaßten Jünglings- und Jungfrauenvereine, die Mägdeanstalten und die Bestrebungen der Freundinnen junger Mädchen. Insbesondere letztere schienen ihm nicht nur eine bedeutsame Konkurrenz für die ›katholische Sache‹ zu sein, sondern auch etwas, was ein katholisches Pendant finden solle.

In einem Bericht aus dem Jahr 1895 heißt es: »Der Herausgeber hat in den protestantischen Großstädten Nürnberg, Frankfurt, Offenbach, Wiesbaden, Darmstadt etc. die bittersten Klagen gehört darüber, daß die katholischen Mädchen, welche aus Bayern dorthin reisen, einen Dienst oder eine Stelle suchen, katholischerseits ganz hilflos und ununterrichtet seien; die Folge davon ist, daß alljährlich hunderte und hunderte von Mädchen ihrem hl. Glauben verloren gehen.«[7] Noch im selben Jahr rief Cyprian deshalb in München zur Gründung einer Mädchenschutz-Vereinigung auf, die sich den Namen »Marianischer Mädchenschutzbund« gab. Der Bund wurde zur Keimzelle für die erste katholische Bahnhofsmission; sie wurde 1897 in München eröffnet.

Ausgehend von der bayrischen Initiative gelang es, die Arbeit in kurzer Frist auf weite Teile Deutschlands auszudehnen. Im Jahr 1905 schlossen sich die entstandenen Vereine

Verein
der Freundinnen junger Mädchen.

Abzeichen des
intern. Vereins d. F. j. M.

Abzeichen des
deutschen National-Vereins d. F. j. M.
Unter dem Protektorat Ihrer Maj. der Kaiserin.

Eigenart und Notwendigkeit der Arbeit des Vereins der „Freundinnen jung. Mädchen!"

Ein Werberuf
von Constantin Frick, Pastor in Bremen.

1913. 2. Auflage.
Darmstadt, Nationalbüro, Kiesstr. 123.

Preis Mk. —.10.

Druck von H. G. Kunze, Darmstadt.

Mitteilung zur Gründung des Marianischen Mädchenschutzvereins, München, Juli 1895 Nachweis: Nikles 1994, S. 41; Orig. Bischöfliches Zentralarchiv Regensburg: OA 618.

Form. A.

Marianischer Mädchenschutzverein.

P. P.

Es ist in den grösseren Städten Deutschlands das Bedürfniss fühlbar geworden nach einer Organisation, welche den stellensuchenden oder sonst alleinstehenden katholischen Mädchen unentgeltlich Rath und Auskunft für ihr zeitliches Fortkommen bietet und sie zugleich schützt vor den Gefahren, welche zumal in der Fremde ihnen für Glauben und Sittlichkeit drohen.

Wohl bestehen zahlreiche katholische Anstalten und Vereine, welche in gewissem Sinne dieser Aufgabe sich widmen. Allein, theils sind sie nicht genügend Denjenigen bekannt und zugänglich, welche sie besuchen und benützen sollten, — theils bedürften sie der Unterstützung und Erweiterung, — theils entbehren noch viele Städte solch wohlthätiger Einrichtungen ganz.

In Folge dieser Sachlage gerathen unsere katholischen Mädchen nur zu leicht schon bei der Ankunft in der Stadt, wo sie Dienst suchen, unter Einflüsse, welche direkt oder indirect ihren Glauben oder ihren sittlichen Charakter gefährden.

Diesem Bedürfnisse abzuhelfen haben sich zu **München** eine Anzahl katholischer Frauen zur Gründung eines Vereines entschlossen, welcher den Namen

Marianischer Mädchenschutzverein

führt und unter den Schutz „**Maria vom guten Rathe**" sich stellt.

Sie hoffen die Mitwirkung vieler katholischer Frauen zu gewinnen, damit eine derartige Organisation entstehe, dass in jeder deutschen **Diö cese** eine Vereinsstelle begründet werde.

Als Mittel zur Erreichung des Vereinszweckes sind in's Auge gefasst worden:

1) Bekanntgabe und Anempfehlung der bestehenden, für den Vereinszweck in Betracht kommenden katholischen Anstalten und Vereine durch die Presse, durch Plakate an den Bahnhöfen, durch Abfassung und Verbreitung eines „**Führers**", der den reisenden Mädchen Adressen und Empfehlungen gibt für alle Länder.

2) Sammlung von Geldbeiträgen zur Errichtung von Stellenvermittlungsbureaux, Dienstbotenanstalten, Gouvernantenheimen u. A. m. je nach den lokalen Bedürfnissen, bezw. Erweiterung und Unterstützung schon bestehender Anstalten und Vereine.

3) Gewinnung opferwilliger katholischer Frauen, welche sich bereit erklären, als Auskunftsstelle im „**Führer**" genannt zu werden, und sich bemühen an Orten, wo keine entsprechende Anstalt besteht und noch nicht begründet werden kann, durch Sorge für geeignete Unterkunft, ferner durch Errichtung von Sonntagsvereinigungen, Abendunterrichtsstunden, Vorträgen zur Erbauung und Belehrung und andere Mittel der alleinstehenden und stellesuchenden Mädchen sich thatkräftig anzunehmen.

Für diese Aufgabe will der Verein **thätige Mitglieder** werben, welche ihre Kräfte in der geschilderten Weise dem Vereine widmen, und **zahlende Mitglieder**, um durch deren Beiträge die Geldmittel zu einer erspriesslichen Thätigkeit des Vereins aufzubringen.

Für die zahlenden Mitglieder wurde ein Mindest-Beitrag von **1 Mark** festgestellt. Grössere Beiträge oder einmalige Schankungen sind dringend erbeten.

München im Juli 1895.

Das vorbereitende Comité:

Wilhelmina Angstwurm, Oberbeamtenstochter, **Marie Freiin von Hohenhausen, Pauline Kolb, Margaretha Knab,** Rechnungsrathsgattin, **Lisa Meilhaus, Christiana Gräfin von Preysing** geb. Gräfin zu Arco-Zinneberg, **Caroline Freiin von Raesfeldt, Leopoldine Freiin von Schrenck, Agathe Schweiger,** Kaufmannsgattin, **Josepha Sedlmayer,** Commerzienrathsgattin, **Franziska Freifrau von Soden-Fraunhofen** geb. Freiin von Aretin auf Haidenburg.

zum »Deutschen Nationalverband Katholischer Mädchenschutzvereine«* zusammen; 1910 die von einzelnen Mädchenschutzvereinen, aber auch anderen katholischen Organisationen gegründeten Bahnhofsmissionen zur »Deutschen Katholischen Bahnhofsmission«. Als Signum wurden die päpstlichen Farben Gelb und Weiß gewählt; ein gelber Streifen stand auf weißem Hintergrund.[8]

* Der Verband heißt heute IN VIA Katholische Mädchensozialarbeit und ist Fachverband im Deutschen Caritasverband.

Die Gründung der Bremer Bahnhofsmission

In einer Chronik des Vereins für die Innere Mission in Bremen[9] heißt es für den 24. Oktober 1897: »Als wertvolle Ergänzung der Inneren Missionsarbeit und im engsten Zusammenhang mit ihr konstituiert sich die Bremer Bahnhofsmission unter Vorsitz von Pastor Cuntz.«

Der Chronist hatte sich versehen. Nicht am 24. Oktober 1897, sondern am 24. Oktober 1898 hatte die Gründungsversammlung stattgefunden. Über die Vereinsgründung berichteten nicht nur die Bremer Presse und das Bremer Kirchen-Blatt, sondern auch der erste Vorsitzende der Bremer Bahnhofsmission, Pastor **Cuntz**, in seinen Lebenserinnerungen:

»Am 19. Oktober 1898 hielt Pastor Mahling von Hamburg, Vorsteher der dortigen Stadtmission, vor einem geladenen Publikum in der Union in Bremen einen Vortrag über seine Erfahrungen in der Hamburger Stadt-, sowie insbesondere in der Bahnhofsmission und mahnte warm und eindringend zur Gründung eines Vereins für die letztere, der in Bremen bei aller sonstigen Vielfältigkeit auf dem Gebiete der Inneren Mission noch fehlte. Von dem Vorstande, der sich alsbald für den neuen Verein gebildet hatte, wurde ich zur Leitung desselben aufgefordert und kam dem an mich gestellten Verlangen sehr gerne nach. Hatte ich doch bereits früher schon in die Bahnhofsmission gehörige Arbeiten in der Leitung der Auswanderermission und Marthasheim teilweise besorgt und nach Kräften durch die Auswanderermission und seine Gehilfen, sowie durch den Kolporteur des Traktatvereins dafür gesorgt, dass alleinreisende Mädchen und Frauen vor den ihnen drohenden Gefahren durch Warnung am Bahnhof und in den Auswandererherbergen gesichert wurden, sowie ich dann auch (...) zuerst im öffentlichen Vortrage auf diese Gefahren aufmerksam gemacht hatte.«[11]

Der Neugründung, an der sich auch in Bremen die »Freundinnen« beteiligt haben, waren also verschiedene ähnliche Bestrebungen vorausgegangen. Bereits nach seiner Gründung im Jahr 1849 hatte sich der Verein für Innere Mission in

Pastor Ferdinand Cuntz (um 1890)
Nachweis: Staatsarchiv Bremen

Cuntz, Friedrich Philipp Ferdinand (1831–1906). Seit Juli 1873 luth. Pastor an St. Pauli in Bremen. Er begründete in der St. Pauli-Gemeinde zahlreiche christlich-diakonische und missionarische Vereine sowie mit Fräulein Emmy Kulenkampff das Johann-Hinrichstift als Mittelpunkt einer selbständigen kirchlichen Versorgung vor dem Hohentor. Seine Hauptbedeutung lag in der praktischen Mitarbeit in der Inneren Mission.[10]

Warnungsruf an junge Mädchen und alleinstehende Frauen.

Großen Gefahren sind alle diejenigen Mädchen und Frauen ausgesetzt, welche ohne sorgfältigste Prüfung eine Stellung im **Auslande**, insbesondere in **überseeischen Ländern** annehmen; statt des ehrbaren Unterkommens, das sie suchen, wird nur allzu oft elende Gefangenschaft in schlechten Häusern, Schande, Jammer und Elend ihr Loos!

Mit teuflischer List suchen **schändliche Mädchenhändler** überall Opfer zu erlangen, die sie dann elend in den Häusern der Schande zu Grunde gehen lassen. Vor allem ist keiner auch noch so unauffälligen Anzeige, in der eine gute Stellung im Auslande angeboten wird, auch keiner Heirathsannonce nach dem Auslande zu trauen, selbst wenn sie von den besten und meistgelesenen öffentlichen Blättern gebracht werden. Denn gerade die Anbietung solcher guten Stellen ist einer der häufigsten Kunstgriffe, welche die an vielen Orten Deutschlands vorhandenen Agenten ausländischer wohlorganisirter Kupplerbanden anwenden, um junge Mädchen und einzelnstehende Frauen zur Auswanderung zu verführen. Sie scheuen sich sogar nicht, sich mit ihren Opfern zu verloben, ja selbst sie zu heirathen, wenn sie nicht auf andere Weise Gewalt über sie erlangen können. Sind aber erst solche Unglücklichen in dem ausländischen Hafen angelangt, dann ist es allermeist für Hülfe zu spät; nach kurzer Zeit gelangen sie an Leib und Seele vergiftet, vorzeitig gealtert, siech und hülflos in die Spitäler, wo sie unterdrückt, verfolgt, verlassen, verachtet, ohne Familie, ohne Freunde, ohne Liebe und ohne Tröstungen aus Gottes Wort im Elende dahinsterben.

Aufs dringendste warnen wir deshalb die Frauenwelt, irgend eine Stellung im Auslande anzunehmen, ohne zuvor sorgfältig und gewissenhaft Erkundigungen eingezogen zu haben. Da private Empfehlungen, Zeugnisse und ähnliche Papiere nicht selten gefälscht sind, so wende man sich an eine der umstehend angegebenen Adressen, in jedem Falle aber auch an eine der deutschen evangelischen Auswanderermissionen, deren Adressen sind:

in Bremen, Pastor Cuntz, Rolandstraße 1 und
in Hamburg, Pastor Müller, Amsinkstraße 15.

So dankbar es anzuerkennen ist, daß die deutsche Reichsregierung stets ein wachsames Auge hat auf den **Handel mit deutschen Mädchen und Frauen** und demselben überall, wo er sich zeigt, rücksichtslos entgegentritt, so gilt es doch vor allem vorbeugend **sich selbst zu schützen**. Ist es in der Heimath unterlassen worden rechtzeitig Erkundigung einzuziehen, so darf als letzte Vorsichtsmaßregel nicht versäumt werden, daß man sich nach Landung in den nachbenannten Hafenorten **zuerst** und **sofort an die bezeichnete Adresse** wendet, um erst von da aus nach Empfang günstiger Auskunft die Stelle anzutreten.

Habt also Acht, ihr Mädchen und Frauen unseres Volks, und höret auf die warnende Stimme derer, die es mit Euch wohl meinen!

Berlin, im Juni 1898.

Der Central-Ausschuß für die Innere Mission.

Bremen vielfältiger diakonischer Aufgaben angenommen. Zu einem neuen Aufschwung war es nach dem »glorreichen Krieg« von 1870/71 und der »endlich errungenen Einigkeit des gesamten Vaterlandes«[12] gekommen. Eine Welle der Hilfsbereitschaft, im wesentlichen auf die ›Rettung‹ von Menschen in einer Zeit des gesellschaftlichen Umbruchs bezogen, durchzog die evangelisch-christlichen Kreise Bremens. In diesem Zuge war 1873 auch die »Mägdeherberge Marthasheim« entstanden, die von einem eigenen Verein getra-

gen wurde. Ihr Bestreben war es, den »Dienstmägden von nah und fern ein sicheres Daheim zu bieten für die Zeit des Ankommens und des Stellensuchens« sowie als »Erziehungsstätte für unbescholtene Mädchen« zum Erlernen des Mägdeberufs.[13] 1890 wurde die Herberge in der Osterstraße 21 zugleich Sitz des soeben gegründeten »Centralbureau Bremen« des »Vereins der Freundinnen junger Mädchen«.

Von nicht geringerer Bedeutung waren die Gründung der Auswanderermission, eigentlich eine Wiedergründung*, Mitte der 70er Jahre durch Pastor Cuntz und die Einstellung eines hauptamtlichen Auswanderermissionars wenige Jahre später. Wie sich die Bahnhofsmission später junger alleinreisender Mädchen und Frauen bereits auf dem Bremer Hauptbahnhof annahm, so kümmerte sich der Auswanderermissionar um die evangelischen Auswanderer, die sich von Bremen aus auf die lange Reise nach Amerika machten. Unter

Zur Gründung einer Auswanderermission hatte es bereits 1868 einen ersten Versuch durch Pastor Otto Funcke von der Friedensgemeinde gegeben. Dieser hatte sich aber nicht durchhalten lassen.

ihnen befanden sich auch immer junge alleinreisende Frauen, die – wovon Pastor Cuntz und das von ihm ins Leben gerufene »Komitee zur Bekämpfung des Mädchenhandels« überzeugt waren – sehr leicht zum Opfer eines »fluchwürdigen Menschenhandels« werden konnten.

Es lag nahe, die verschiedenen Tätigkeiten in einer Hand zu vereinen. Da der rührige Pastor auch noch Vorsitzender des »Vereins Marthasheim« war, war er hierfür und also auch für die Leitung der Bahnhofsmission prädestiniert.

Auf diese Entwicklungen verwies auch der zweite Redner am denkwürdigen 19. Oktober 1898, Pastor **Lahusen** aus Bremen. Er skizzierte gleichzeitig die Schwierigkeiten, mit denen sich eine Bremer Bahnhofsmission konfrontiert sehen würde, nämlich in Bremen »9100 weibliche Dienstboten, darunter 5350 auswärtige, 3150 weibliche Gewerbegehülfinnen, unter ihnen 1220 auswärtige Mädchen und im Jahr 1897 auf 9200 Anmeldungen weiblicher Dienstboten 9300 Abmeldungen«.[14] Probleme also genug. Was fehle, so Lahusen weiter, sei lediglich noch eine ›Berufsarbeiterin‹, und für eine solche müsse man mit jährlichen Ausgaben von 1.100 Mark rechnen, weshalb sehr herzlich um Unterstützung der Arbeit gebeten werde.

Eine ›Berufsarbeiterin‹ einzustellen, war nach ersten Erfahrungen, die man in Bremen gemacht hatte, dringend erforderlich. Hiervon berichtete das Bremer Kirchen-Blatt folgendes:

»Hier in Bremen hat im Mai dieses Jahres in den Tagen des Dienstbotenwechsels der Verein der Freundinnen junger Mädchen einen Versuch mit der Bahnhofsmission gemacht. Als Zweigverein des internationalen Vereins gleichen Namens, der die Fürsorge für junge Mädchen überhaupt sich zur Aufgabe macht, lag es ihm daran zu erfahren, ob auch für Bremen die Bahnhofsmission notwendig geworden. Und wahrlich, die Damen brauchten nicht müssig zu stehen. Sie haben vielen nützen können. In überraschendster Weise zeigte sich, daß halbe Kinder die weite Reise aus dem fernsten Osten Preußens allein unternahmen, um hier ihren Dienst zu suchen; daß Mädchen zu früh den Dienst antreten wollen und hülf- und ratlos dastehen; daß andere, gedankenlos einer nur vagen Angabe über einen Dienst folgend, jedem Ungefähr preisgegeben sind. So reich war die Arbeit, daß sich

Lahusen, Christoph Friedrich
(1851–1927); Pastor an der Liebfrauenkirche 1886–1898. Lahusen war Mitglied des Vorstands des »Vereins für Verteilung von Predigten und guten Zeitschriften«, des Vorstands der »Norddeutschen Missionsgesellschaft« und des »Blaukreuzervereins«, Präses und Neuorganisator des »Evangelischen Vereins« und Mitglied des Ortsausschusses für Innere Mission

*Stadtbremische Dienst-
mädchen 1900;
Köchinnen mit Besen,
Hausmädchen mit
Einkaufskorb.
Nachweis: Friese 1991,
S. 294*

herausstellte, mit freiwilligen Kräften allein werde eine ge-
ordnete Bahnhofsmission (...) nicht geleistet werden können.«[15]

Einen zweiten Versuch gab es wenige Tage nach der Gründungsversammlung. Zum Dienstbotenwechsel in den Tagen
vom 31. Oktober bis 2. November trafen die Damen vom
Verein der Freundinnen, jetzt schon unter dem Signum der
Bahnhofsmission, mit »einem Abzeichen am Arm oder der
Brust versehen und damit kenntlich« und »von der Bahn-
hofsverwaltung freundlichst unterstützt« erneut an »den beiden Bahnhöfen« ein, um die eintreffenden Dienstmädchen
»wo es nötig war, zurechtzuweisen und vor Gefahren zu schützen.«[16] 43 Dienstboten wurden gefunden, »denen man we-
sentliche Hülfe leisten« konnte. Es waren solche, die noch stel-
lenlos waren und die ins Marthasheim gebracht wurden, um

ihnen eine Stelle zu vermitteln; ferner solche, die zwar schon eine Stelle hatten, aber zunächst ein Nachtquartier brauchten; schließlich jene, denen der Weg zu ihren Herrschaften gewiesen werden mußte und die damit also vor »langem Herumirren, anderweitigem Einkehren und damit verbundenen Gefahren behütet« werden mußten.

Neben diesen 43 hatte es zudem weitere 40 junge Frauen gegeben, denen geholfen werden konnte, »nämlich teils solchen, die hier durchreisten und von unserem Bahnhof nicht weiterzukommen wußten, teils solchen, die von hier fortreisten und auch noch sehr der Zurechtweisung bedurften.« Alle, so wird berichtet, »waren herzlich dankbar für die erwiesene Hülfeleistung, und es ist wohl verständlich, daß manche dieser Ankömmlinge bescheiden nach ihrer Schuldigkeit fragten und gar nicht fassen konnten, daß ihre Wohlthäterinnen alles umsonst taten.«[17]

Unter den Damen, wahrscheinlich waren es acht, denn so viele gehörten jedenfalls 1899 dem »Bremer Komitee« für die Bahnhofsmission an, befand sich auch – auf Probe – »eine Frau Walther«. Sie wurde am 15. November als erste Berufsarbeiterin der Bahnhofsmission angestellt, erhielt den Auftrag, sich gleichzeitig auch um die alleinreisenden Frauen und Mütter mit Kindern der Auswanderermission zu kümmern, bekam Wohnung im Marthasheim und ging »von da aus stets zu den Bahnhöfen, um das Werk weiter zu treiben.«

Noch im ersten Halbjahr des Jahres 1899 gab es freilich einen kleinen Rückschritt, der sich ein Jahr später noch einmal wiederholte. Frau Walther, schrieb Pastor Cuntz in seiner Lebenserinnerung, »genügte« ebenso wie ihre Nachfolgerin »Frl. Schultz« nicht, so daß im Jahr 1900 bereits die dritte Berufskraft gefunden werden mußte. Sie wurde in »Frau Badicke« gefunden, die dann – seit 1906 zusammen mit »Frl. Cäthe Grabow« – bis zum Jahr 1917 die Geschicke der Bahnhofsmission und überhaupt die vielfältigen Aufgaben des evangelischen Mädchenschutzes in Bremen bestimmte. Mit ihr konnte Pastor Cuntz, als er 1901 in den Ruhestand ging, seinem Nachfolger ein wohlbestelltes Haus übergeben.

Badicke, Marie, geb. Höpken (1855 bis ca. 1925); ev. Bahnhofsmissionarin in Bremen zwischen dem 6. Mai 1900 und dem 1. Juli 1917. M. Badicke war Vorstandsmitglied der »Freundinnen« in Bremen, ab 1906 Mitglied des Vorstandes, ab 1912 des Ausschusses des Marthasheims sowie Mitglied der Frauengruppe des Vereins für Innere Mission.[18]

Grabow, Catharine (Cäthe) (ca. 1870 bis ca. 1940); ev. Bahnhofsmissionarin und Verbindungsglied zur Auswanderermission des Vereins für Innere Mission vom 18. Oktober 1906 bis 31. März 1938.[19]

Die weiteren Entwicklungen bis zum Ersten Weltkrieg

Überregional

Evangelische und katholische Bahnhofsmissionen, seit 1904 auch jüdische, hatten im ersten Jahrzehnt ihres Bestehens noch nebeneinander her und oft in heftiger Konkurrenz zueinander gearbeitet. Seit 1909 näherten sie sich zunehmend einander an, wenngleich es um diese Zeit noch zu keiner ökumenischen, sondern nur zu einer ›technischen‹ Zusammenarbeit kam. Anlaß hierfür war die »durch 3 verschiedene Aushänge in den Wagenabteilen für die reisenden Mädchen entstehende Verwirrung«. Es entstand der Wunsch, daß sich die »beteiligten Vereine (evangelische, katholische und jüdische Bahnhofsmission) in Zukunft zu einem gemeinsamen verfaßten Aushang die Hand reichen möchten«.[20] Bevor dies ein Jahr später durch die Schaffung der »Interkonfessionellen Kommission für Bahnhofsmission« geschah, organisierte sich die evangelische Bahnhofsmission, die bislang noch unter der Bezeichnung »Fürsorge für die weibliche Jugend« firmiert hatte, neu. Sie benannte sich in »Deutsche Bahnhofsmission«* um und beschloß vor allem – nach einem »trefflichen Referat« des Bremer Pastors Frick –, eine »straffere Organisation« zu schaffen und »eine hauptamtlich beschäftigte Berufsarbeiterin anzustellen und auf Reisen zu schicken, um Fäden hinüber und herüber zu spinnen und die Bahnhofsmissionen auch untereinander zu verbinden.«[22]

* Nach 1910 gab es eine weitere Umbenennung in »Evangelische Bahnhofsmission«

Ähnliche Bestrebungen hatte es auch auf katholischer Seite gegeben, ohne daß diese aber zum Abschluß gekommen wären. Der organisatorischen Überlegenheit der evangelischen Bahnhofsmission mit ihrer Zentrale in Berlin wurde daher auch dadurch Rechnung getragen, daß sie zum Sitz der Interkonfessionellen Kommission wurde. Unter Betonung der konfessionellen Eigenständigkeit war der Zweck der Kommission die Interessenvertretung bei Bahnhofsverwaltungen und Behörden, die gemeinsame Planung und Durchführung von Sammlungen und anderer organisatorischer Aufgaben

* Unter Betonung der kon-
fessionellen Eigenständig-
keit war der Zweck der Kom-
mission die Interessenver-
tretung bei Bahnhofsverwal-
tungen und Behörden, die
gemeinsame Planung und
Durchführung von Samm-
lungen und anderer orga-
nisatorischer Aufgaben so-
wie die Veranstaltung jährli-
cher Arbeitstreffen.

und die Veranstaltung jährlicher Arbeitstreffen. Der Kommission gehörten je fünf katholische und evangelische Mitglieder an. Der Vorsitz wechselte zunächst alle vier Jahre. Ab 1911 übernahm sie auch die Vertretung der – zu dieser Zeit auf vier Bahnhöfen vertretenen – Jüdischen Bahnhofsmission, ohne daß diese Mitglied wurde.

In Bremen

In Bremen war es inzwischen zu einem Wechsel in der Leitung der Bahnhofsmission gekommen. Am 7. Juli 1901 war Pastor **Karl Büttner** vom Vorstand des Vereins für Innere Mission zum ersten hauptamtlichen Inspektor des Vereins bestellt worden und hatte wenig später auch die Leitung des Marthasheims, der Auswanderermission und der Bahnhofsmission übernommen. Die Hauptarbeit freilich lag bei Frau Badicke. In ihrer Eigenschaft als Vertreterin der »Freundinnen«, als Mitglied des Vorstandes im Marthasheim und als Verbindungsglied zwischen Bahnhofsmission und Heim hatte sie schon kurz nach ihrem Dienstantritt eine Stellenvermittlung für Dienstmädchen ins Leben gerufen und dafür gesorgt, daß stellensuchende Mädchen in der Herberge des Heims Unterkunft fanden und man sich weiter um sie kümmerte. 1902 bis 1904 waren es immerhin jährlich bis zu 350 Personen, die Unterkunft und Betreuung fanden,[24] unter ihnen auch diverse auswandernde Frauen mit Kindern. All diesen Personen nahm sich die Bahnhofsmissionarin bereits am Bahnhof »liebevoll an«, um sie für die weitere Betreuung in das Marthasheim zu geleiten. Kein Wunder also, wenn vom Vorstand des Vereins Marthasheim nicht nur Frau Badicke, sondern die Bahnhofsmission überhaupt »als eines der wichtigsten und segensvollsten unter den vielen schönen gemeinnützigen Werken Bremens« gerühmt wurde.[25]

Ein weiterer Schritt wurde im Juni 1906 mit der Einrichtung von Sprechstunden in dem von Pastor Büttner erworbenen neuen Vereinshaus für die Innere Mission in der Georgstraße 22 (heute: Bürgermeister-Smidt-Straße) getan, das auch eine Auswandererkapelle enthielt. Obwohl die Verbindung zum Marthasheim noch viele Jahre eine sehr innige blieb, wurde die Bahnhofsmission mit der neuen Geschäftsstelle jetzt auch enger an den Verein für Innere Mission gebunden. Hierzu hatte auch schon die Gründung einer »Frauengruppe für Innere Mission« unter dem direkten Dach des Vereins im Jahr 1902 beigetragen. Sie war für die Bahnhofsmissionarinnen nicht nur eine zweite ›Heimat‹ im Kreis anderer engagierter evangelischer Frauen, sondern brachte in der Folgezeit auch manche Unterstützung in der Arbeit.

Im Oktober 1905 hatte der Nachfolger Büttners, Pastor **Constantin Frick**, das Amt des Inspektors des Vereins für Innere Mission angetreten; auch er übernahm sofort die seit Pastors Cuntz' Zeiten zuammengehörigen Vorstandspositionen. Ein Jahr später gab es für die Sache der Mädchen- und Frauenarbeit eine weitere erfreuliche Erweiterung, die in den Folgejahren auch der Bahnhofsmission sehr zugute kam: die Eröffnung der »Bremer Zufluchtsstätte für Frauen und Mädchen« durch einen eigens hierfür gegründeten Verein. Das neue Heim ergänzte nicht nur das Marthasheim, indem es dieses von ›schwierigen‹, arbeits- und obdachlosen sowie straffälligen Mädchen und jungen Frauen entlastete, es gab der Bahnhofsmission zugleich die Möglichkeit, ihr Augenmerk auch auf solche Frauen zu richten und sie einer pädagogischen Betreuung »zuzuführen«. Wiederum war es Frau Badicke, die – in ihrer Rede zur Eröffnung des neuen Heims – dies unmißverständlich verlangte: »Wie oft schon ist der Mangel einer geeigneten Zufluchtsstätte fühlbar geworden! Wieviel in den Strudel der Großstadt geratene, harmlose und leichtsinnige Mädchen, wieviel ungeratene Töchter, wieviel sittlich verdorbene Frauen und Mädchen, wieviele Trunksüchtige und Obdachlose wären zu retten gewesen, wenn man gewußt hätte, wohin mit Ihnen!«[26] Im übrigen: Die neue Einrichtung war für die Bahnhofsmission auch noch in anderer Hinsicht wichtig. Sie brachte sie erstmals in die Nähe der Jugendfürsor-

Pastor Constantin Frick Nachweis: VfIM Bremen

ge und band sie damit auch in das breite, von Behörden und freien Initiativen getragene Hilfenetz ein.

Nach längerer Pause erschienen 1910 bis 1912 wieder Berichte über die Arbeit der Bahnhofsmission im Bremer Kirchen-Blatt.[27] Diese verweisen darauf, daß die Bremer – zumeist wurde Frau Badicke entsandt – keine Gelegenheit ausließen, sich an der Weiterentwicklung der Bahnhofsmission und der Mädchenschutzarbeit selbst auf nationalem und internationalem Gebiet zu beteiligen. Berichtet wird unter anderem – eine hervorragende Anerkennung für die Bremer und ihr Engagement auch für die Zentrale in Berlin – von einem Besuch der neuen Sekretärin der Berliner Zentrale, »Frl. Reineck«, in Bremen und Bremerhaven. Neben der örtlichen Arbeit wurde ihr vor allem die »internationale Arbeit, die hier ja besonders ausgeprägt ist«, gezeigt: »Die Größe der Auswandererfürsorge durch den Norddt. Lloyd mit seinen Auswandererhallen, der glatten Abwicklung der Gepäckabfertigung, der ärztlichen Untersuchung, der Einschiffung, der sanitären Einrichtungen auf den Dampfern war ihr doch nur, wie den meisten Binnenländern, ein unklarer Begriff.«[29] Der Besuch von Theodora Reineck brachte den Bremerinnen ein großes Lob ein. »Was ich in Bremer Tagen so recht deutlich empfand«, schrieb die Sekretärin, »waren das tiefe Verständnis und der nimmermüde Eifer, welche Leiter und Mitarbeiterinnen dort für die Arbeit beseelen, an welchen die Behörden auch in hervorragender Weise teilnehmen.«[30]

Wie die statistischen Zahlen aus den Berichtsjahren 1910 bis 1913 zeigen, hatte die besondere Betonung der Auswanderermission ihren guten Grund, da sich jeweils fast die Hälfte der bearbeiteten Fälle auf diesen Personenkreis bezog. 1910 waren es 200 »Auswandererfälle«, die in den Tagebüchern verzeichnet waren, 250 im nächsten Jahr und 1912 bereits 320. Jeder dieser Fälle war besonders arbeitsreich, weshalb 1906 »Frl. Grabow« 1906 als zweite Bahnhofsmissionarin mit den Schwerpunkten Auswandererfürsorge angestellt worden war. Was zu tun war, beschreiben die Berichte so:

»Der größte Teil wurde von der Bahn abgeholt, beherbergt und die letzten geschäftlichen Dinge beim Lloyd, Abfertigung des Gepäcks, Impfen usw. mit ihnen besorgt. Ein Teil der Hilfeleistungen betrifft die Rückwanderer und die zwangsweise

Reineck, Theodora (1874–1963). Th. Reineck übte das Amt der Generalsekretärin der Ev. Bahnhofsmission zwischen 1910 und 1939 aus.[28]

Das Haus der Inneren Mission Bremen mit Auswandererkapelle in der Georgstraße 22
Nachweis: VfIM Bremen

Zurückgeschickten*, die keinen Anspruch auf behördliche Unterstützung haben, und durch eigene oder fremde Schuld mittellos dastehen. Es erfordert oft viel Zeit und Mühe, ehe die Verhältnisse klargelegt sind und man herausgefunden hat, wo der Hebel anzusetzen ist, um zu helfen. Solange bleiben die Frauen, Mädchen und Kinder unter dem Schutz der Bahnhofsmission. Wenn es irgend zu ermöglichen ist, werden besonders die kaum den Kinderschuhen entwachsenen Mädchen der Heimat und dem Elternhaus zugeführt, ebenso die Heimwehkranken und ältere, schwächliche Personen. Manche Frau und manches Mädchen bleibt natürlich hier hängen und findet bei Arbeitswilligkeit guten Verdienst. Er-

* Unter Rückwanderern wurden Personen verstanden, die – zumeist weil sie wirtschaftlich im Auswandererland nicht Fuß fassen konnten – freiwillig wieder in ihre Heimat zurückkehrten. Zwangsrückkehrer waren Personen, die – zumeist wegen Krankheit, häufig im Falle der ansteckenden ›berüchtigten‹ Augenkrankheit Trachom – bereits von den Einwandererbehörden zurückgeschickt wurden.

Einzelfälle aus der Arbeit der Bahnhofsmission mit Auswanderern und Rückwanderern in den Jahren 1910 bis 1912

»Ein Ehepaar mit zwei Kindern von 5 und 3 Jahren kam herüber, um die alten Eltern in Baden noch einmal zu sehen. Der Mann erkrankte schon auf dem Schiff, mußte hier direkt ins Diakonissenhaus gebracht werden und starb nach sieben Tagen. Die Frau war völlig gebrochen und haltlos, und sehr dankbar für unsere Fürsorge, der sie sich vertrauensvoll überließ. Noch heute sind wir mit der Pflege des Grabes betraut.«

»Ein Junge Jan K., 12 Jahre, aus Rußland, war von seiner Stiefmutter, die angeblich mit ihren Kindern nach Amerika wollte, zum Vater in Alexandrowa zurückgeschickt. Nachdem der Knabe dort vier Tage und vier Nächte umhergeirrt war, wurde er von einem Bahnbeamten vernommen, mit einem gelben Zettel versehen und darauf nach Bremen weiterbefördert. Die Mutter mit ihren drei eigenen Kindern ist aber bis jetzt noch nicht aufgefunden. Ob sie zu ihrem Mann, der eine Tagereise von Baltimore entfernt wohnen soll, heimgekehrt ist, konnte noch nicht festgestellt werden. Jan ist unserer Obhut vom Nachweisungsbureau für Auswanderer anvertraut und müssen wir sein weiteres Schicksal abwarten.«

»Herbert H., ein uneheliches, halb erblindetes Kind, wurde mit Dampfer ›Halle‹ aus Brasilien zurückgeschickt. Er war in Leipzig von seiner Mutter für 600 M. an ein Ehepaar verkauft, das ihn adoptierte und mit nach Brasilien nahm. Dort machten sich die neuen Eltern mit den 600 M. aus dem Staube und überließen den fünfjährigen Jungen seinem Schicksal. Das Konsulat sandte ihn nach Bremen zurück, wo er nun fast erblindet eintraf. Er wurde uns vom Norddt. Lloyd in Pflege gegeben, bis aus Leipzig die Vorsteherin der Kinderherberge ihn abholte und zunächst einer Augenklinik dort überwies. Er hatte den Star und dieser konnte in diesem Stadium noch geheilt werden, etwas später wäre es nicht mehr möglich gewesen.«

»Ein 13jähriges Mädchen, von New York kommend, wollte zu ihrem Vater nach Rußland, kam hier mittellos an und blieb solange unter unserem Schutz, bis auf Veranlassung des Vaters (eines Offiziers) das Kind von dem Onkel abgeholt wurde. Das Kaiserliche Russische Konsulat regelte die Angelegenheit aufs entgegenkommendste.«

»Mehrere junge Mädchen, 18–20 Jahre alt, waren von einem Rollschuhläufer engagiert, um als Künstlertruppe aufzutreten. Sie wandten sich nach München und Hamburg und landeten schließlich in Brasilien. Nach drei Wochen wurde ein Teil der Mädchen auf Veranlassung der Behörde zurückgeschickt. Eine wurde auf Wunsch des Vaters von der Polizei in Schutzhaft genommen, zwei weitere holten wir von Bremerhaven ab. Die jungen Mädchen wurden in Marthasheim untergebracht, und es wurde ihnen durch uns zu Weiterreise verholfen. Sie fuhren nach Frankfurt zu den Eltern zurück.«

Dringende Warnung
an auswandernde Mädchen.

Nimm im Auslande keine
Stelle an ohne vorherige
sichere Erkundigung!
Wende dich in Not und Ge-
fahr an das Nachweisungs-
bureau für Auswanderer am
Bahnhof oder an die Bahn-
hofsmissionarin (Georgstr. 22)
oder auch an den Wirt!

Deutsches Nationalkomitee
zur internationalen Bekämpfung des Mädchenhandels (Bureau: Berlin W., Lützowplatz 14).

Das schon in vielen Publikationen abgebildete Plakat verweist mit der Anschrift »Georgstr. 22« auf seine Bremer Herkunft. Es entstand im Jahr 1911.
Nachweis: StaB-Plakatsammlung

krankte Auswandererkinder und Wöchnerinnen werden besucht und letztere mit Kinderzeug versehen.«[31] Zehnmal, heißt es weiter, »mußten (wir) leider Auswandererkindern das letzte Geleit auf den Friedhof geben.«[32]

Nicht weniger arbeitsintensiv dürfte der »nationale« Teil der Arbeit gewesen sein. In den drei Berichtsjahren waren es 250, 296 und über 300 Personen, »die durch die Hände der Bahnhofsmission gegangen sind«, auch hier eine steigende Tendenz. Von den 250 Mädchen und jungen Frauen des Jahres 1910 wurden 24 der Zufluchtsstätte überwiesen, »12 Fälle vielleicht betrafen Jugendfürsorge, 14 verteilen sich auf allgemeine Sachen, mehr oder minder kompliziert, Arbeitsnachweis, Schutz und Rat eheverlassener Frauen mit ihren Kindern, zeitweilige Unterbringung derselben, Rückbeförderung in die Heimat, Verschaffung von Dienststellen für schwerunterzubringende Mädchen oder sonstige Hilfe in Notlagen und was in das Gebiet hineingehört.«[33] Oder 1911: »Rat und Auskunft über Unterkunft, Arbeitsnachweis, Adressen von Aerzten und dergl. Blinden, Lahmen, Taubstummen und Kranken aller Art, besonders aber auch alleinreisenden Kindern wurde gerne geholfen. (...) Selbst Männer stellen sich unter den Schutz des rosa Kreuzes. Besonders im Winter haben wir des öfteren bedürftigen durchreisenden Familien mit Essen und Kleidungsstücken ausgeholfen, auch in vielen Fällen mit Reisegeld einspringen müssen. Letzteres tun wir aber nur ausnahmsweise und nur nach Besprechung mit Bahn- und Polizeibeamten, da sonst die Versuchung zu groß ist, die Bahnhofsmission als Reisegeldquelle anzusehen.«

Die bremische Bahnhofsmission, so läßt sich aus den Berichten schließen, hatte sich um diese Zeit schon weit von ihrem ursprünglich nur auf den Empfang von Dienstmädchen konzentrierten Aufgabenbereich gelöst. Sie war zu einem allgemeinen ›Sozialdienst‹ am Bahnhof geworden.

Angesichts der vielfältigen Tätigkeiten der Bahnhofsmission machte es sich verstärkt bemerkbar, daß sie noch immer kein eigenen Räumlichkeiten im Bahnhof hatte. Seit 1911 hatte man hierzu Verhandlungen mit der Bahnhofsdirektion aufgenommen. Ende 1913 hatten sie Erfolg. Die Räume waren vom Bahnhofsvorplatz und der Bahnhofshalle aus direkt zugänglich und befanden sich in unmittelbarer Nähe des Wartesaals 3. und 4. Klasse, nur ein paar Schritte vom neu entstandenen Gleis für die Auswandererzüge entfernt. Die Bahnhofsmissionarinnen hatten von dieser Position aus einen ausgezeichneten Zugang zu ihrem ›Klientel‹. Im Vertrag zwischen der »Preußischen Eisenbahnverwaltung, vertreten durch die Königliche Eisenbahndirektion in Hannover und die Bremer Bahnhofsmission E.V.«[34] war der 8,60 x 2,50 m große Raum der Bahnhofsmission zur unentgeltlichen Nutzung zugewiesen worden. Sie hatte sich lediglich zur pfleglichen Behandlung der Räume und zur Zahlung einer jährlichen Pauschale von 40 Mark für die »Dampfheizung« und

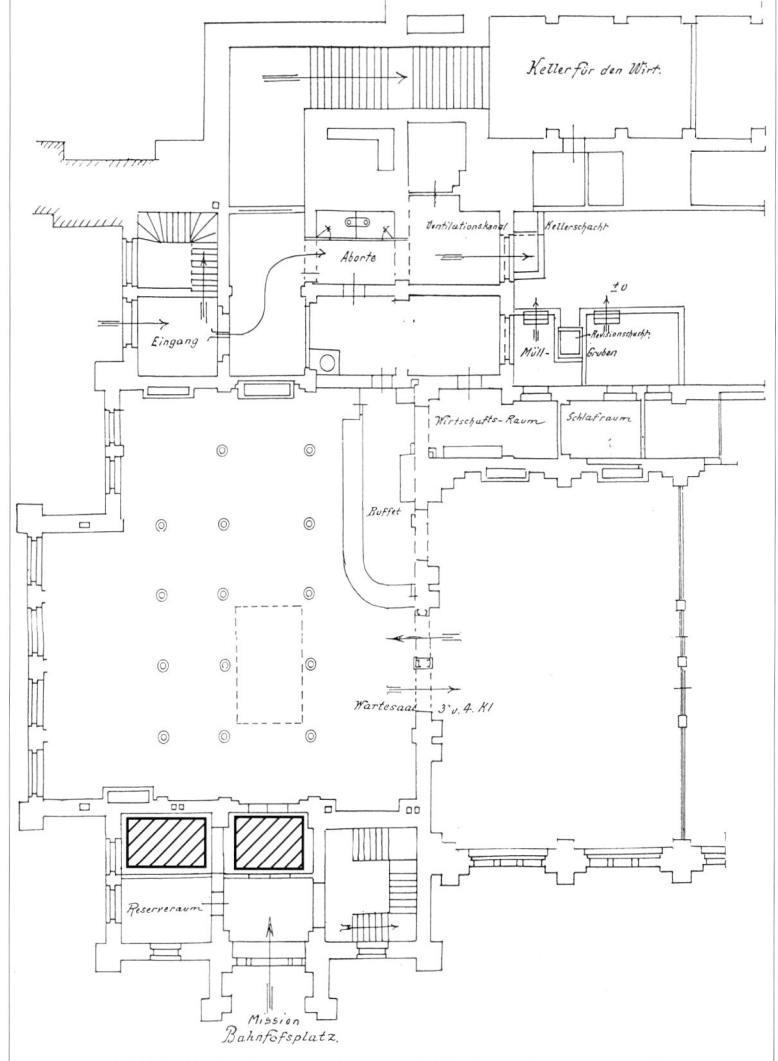

Keller für den Wirt.

Ventilationskanal

Kellerschacht

Aborte

Eingang

Müll-

Gruben

Reclamationschacht

Wirtschafts-Raum

Schlafraum

Buffet

Wartesaal 3.u.4.Kl

Reserveraum

Mission
Bahnhofsplatz.

»elektrische Lichtanlage« verpflichten müssen, darüber hinaus vorsorglich aber auch dazu, »im Falle des Bedürfnisses
auf Verlangen der Eisenbahnverwaltung auch die katholische
und jüdische Bahnhofsmission in dem ihr unentgeltlich zuge-
wiesenen Raum (aufzunehmen)«.[35]

Zu einer solchen Nachfrage ist es von katholischer und
jüdischer Seite in dieser Zeit noch nicht gekommen, was aber
keineswegs heißt, daß es dort keine Aktivitäten gegeben hätte. Wenngleich weder die einen noch die anderen über Bahn-

Büro und Kapelle des St. Raphaels-Vereins. Erbaut 1900, zerstört 1944. Nachweis: Bistumsarchiv Osnabrück

hofsmissionen verfügten, waren beide im Bereich der Auswandererfürsorge sehr aktiv und sorgten sich ›nebenher‹ auch um einheimische Hilfsbedürftige am Bahnhof. Für die katholische Auswandererfürsorge war der St. Raphaels-Verein in Bremen bereits seit 1872 tätig, seit 1880 hatte er sich auch um durchwandernde ausländische Katholiken gekümmert und zu diesem Zweck seit 1900 ein eigenes Beratungsbüro und eine Auswandererkapelle in der Falkenstraße unterhalten.[36] Auch die Israelitische Gemeinde in Bremen war, unter Leitung des Rabbiners

St. Raphael's=Kapelle Bremen.

198. Hilfsverein der deutschen Juden. Bremer Komitee für hilfsbedürftige durchreisende Juden. 1900.
Büro: Düsternstr. 7. F 2119. Geöffnet von 9—1 und 4—7 Uhr.
Zweck: Unterstützung, Bekleidung, Verpflegung und ev. Heilung unbemittelter jüdischer Auswanderer.
Vorsitzer: Rabbiner Dr. Rosenak.
Fürsorge für alleinreisende jüdische Frauen und Mädchen. S. Nr. 203.
Siehe ferner:
Wohltätigkeitssektion und Armenkasse der israelitischen Gemeinde Nr. 22 (2, 3). Unterstützungskasse für arme Auswanderer Nr. 421,

dem Bahnhof in der Regel anwesend von 9—10, 11—12, 3—6½, 7½—8 Uhr, sind kenntlich an der weißen Armbinde mit rosa Kreuz.

203. Auskunftsstelle für alleinreisende jüdische Frauen und Mädchen. 1909.
Auskunft Bahnhofstr. 11, Hotel Levy, oder im Büro des Hilfsvereins der deutschen Juden. S. Nr. 198.
Vorsitzer: Rabbiner Dr. Rosenak.

204. Verein Jugendschutz. 1900. E. V. 1904.
Vorsitzende: Frau M. Eggers-Smidt, Kreftingstr. 10.
Rechnungsführerin: Frl. L. Barkhausen, Contrescarpe 104.
Zweck: Jugendschutz durch
1. Einrichtung von Mädchenhorten. S. Nr. 74.

Der erste Rabbiner Bremens: Dr. Leopold Rosenak.
Nachweis: Jüdische Gemeinde im Lande Bremen

Links: Aus: Auskunftsstelle für Wohltätigkeit (Hrsg.): Die Wohlfahrtseinrichtungen Bremens (1910)

Dr. Leopold Rosenak, bereits seit der Jahrhundertwende in der Betreuung der vielen ostjüdischen Auswanderer aktiv.[38] Seit 1892 hatte es in Bremen eine Zweigstelle des »Deutschen Zentralkomitees für die russischen Juden« gegeben. 1901 ging es in das von Rosenak gegründete »Bremer Komitee für hilfsbedürftige durchreisende Juden« auf. Als Abteilung des Komitees war 1909 noch die »Auskunftsstelle für alleinreisende jüdische Frauen und Mädchen« hinzugekommen. Für sie wurde Auskunft im Hotel Levy in der Bahnhofstraße und im Büro des Hilfsvereins in der Düsternstraße erteilt.[39]

Rosenak, Leopold (1868–1923); Rabbiner. 1896 Berufung zum Rabbiner und Prediger an das neu errichtete Rabbinat der Israelitischen Gemeinde zu Bremen. Neben der Auswandererarbeit und der Gemeindearbeit widmete er sich der Mädchenschutzarbeit, in vielen Vorträgen auch der Abwehr des Antisemitismus. In seinen fürsorgerischen Tätigkeiten wurde er stark von seiner Ehefrau, **Bella Carlebach-Rosenak**, unterstützt. Er starb auf der Rückfahrt aus den USA, eine Reise, die er zur Sammlung für ein jüdisches Altenheim in Bremen unternommen hatte. Ein Vorhaben, das nach seinem Tod realisiert werden konnte.[37]

Eisern die Zeiten,
Tapfer die Wehr,
Blutig das Streiten,
Herrlich das Heer!

Doch größer im Kriege
Als Trauer und Leid
Sind Glaube und Liebe
In „eiserner Zeit"!

15. Rundschreiben

der

Deutschen Bahnhofsmission

(Unter dem Protektorat Ihrer Majestät der Kaiserin).

Zum Schutz der reisenden weiblichen Jugend.

Berlin-Dahlem, Friedbergstr. 25.
November 1914.

Nicht das bekannte Abzeichen unserer Bahnhofsmission steht heute über unserem Semesterbericht. — Ein anderes Kreuz — noch älter, noch bekannter — geheiligt durch 100jährige Erinnerung, ist es, wie es in allem, was wir seit drei Monaten denken und tun, vor uns schwebt. — Unser Volk ringt um seine Freiheit wie anno 1813 und 14! Und bei dem heißen Ringen wird es getragen von inneren Kräften, die dem Mann auf dem Schlachtfeld da draußen wunderbare Stärke verleihen — die der Frau daheim Mut und Freudigkeit geben, die schwersten Opfer ohne Klagen zu bringen. — Die Ereignisse von 1914 schufen der deutschen Volksseele Flügel! — Flügel der heiligsten Begeisterung. — „Mit Gott für König und Vaterland!"

Wie ein Mann erhob es sich, als nach der Ungewißheit der unheimliche Bann gebrochen war! Wer mit den Tausenden am 31. Juli und 1. August unter den Linden gestanden und mit ihnen das alte deutsche Lied „Ein' feste Burg ist unser Gott" gesungen, der weiß die Höhe zu ermessen, zu welcher sich die Volksseele emporschwang, nämlich zum Thron des Allmächtigen! Und als die feindlichen Heere schon vor einer Kriegserklärung, während noch Verhandlungen zum Frieden schwebten, in Ost und West einfielen und der

B. M. = Bahnhofsmission, Mehrzahl: B. M. n; B M. i. = Bahnhofsmissionarin, Mehrzahl: B. M. i. n.

Die Bahnhofsmission
im Ersten Weltkrieg

Überregional

Wie von den meisten Vereinigungen der Wohlfahrtspflege,
den meisten Frauenverbänden und von weiten Teilen der Bevölkerung wurde der Beginn des Ersten Weltkrieges auch von
der Berliner Zentrale der Deutschen (evangelischen) Bahnhofsmission bejubelt. In ihrem 15. Rundschreiben vom November 1914 hatte diese Kriegsbegeisterung durch die Er-
setzung des bisherigen rosa Johanniterkreuzes durch das Ei-
serne Kreuz im Titelblatt ihren beredten Ausdruck gefunden.

Institutionell hatte es die Ev. Bahnhofsmission freilich zu
Beginn des Weltkrieges eher schwer. Vielerorts war sie zu einem untergeordneten ›Anhängsel‹ mächtiger Verbände, z.B.
des Roten Kreuzes, oder zu einem kleinen unbeachteten Räd-
chen in den Zentralstellen für die »Kriegswohlfahrtspflege«
geworden. Ein Ende gesetzt war zunächst auch dem organisatorischen Ausbau. Denn – so schrieb Theodora Reineck
rückblickend – »alle Kräfte, auch die der Bahnhofsmission,
wurden zur praktischen Arbeit an der Front gebraucht. Alles
Organisatorische und Verwaltungsmäßige trat zurück.«[40]
Dennoch entwickelte sich die Bahnhofsmission – in längerfri-
stigen Perspektive gesehen – während des Krieges und durch
den Krieg erst zu einem eigenständigen Verband mit einem
eigenen Profil.

Hierfür gibt es verschiedene Gründe. Zum einen traten die
regionalen Bahnhofsmissionen, ob gewollt oder nicht, durch
ihre stärkere Einbindung in die gesamte Kriegswohlfahrtspflege in engeren Kontakt mit Behörden, mit anderen Vereinigungen und den speziellen Kriegsämtern. Zum zweiten
brachten die Kriegsereignisse die Bahnhofsmission mit völlig neuen ›Problemgruppen‹ in Berührung. Waren es zunächst
die Soldaten- und Verwundetentransporte, denen sich die
Missionarinnen bei Rückgang des allgemeinen Reiseverkehrs vor Ort zu stellen hatten, so waren es im Verlaufe des
Krieges die vielfältigen Nöte an der »Heimatfront«. Zu be-

treuen waren Flüchtlinge, daneben verwahrloste Kinder und Jugendliche sowie – besonders im schrecklichen »Steckrübenwinter« 1916 – hungernde und obdachlose Menschen. Als neue Problemgruppe wurden darüber hinaus auch Menschen außerhalb des Bahnhofs entdeckt: Junge Frauen, die ihren Lebensunterhalt in Berufen zu erwerben hatten, die bis dahin als Männerberufe galten, wie Arbeiterinnen in Munitionsfabriken und bei den Eisenbahnen, Arbeiterinnen in den Postämtern und Straßenbahnschaffnerinnen. Die enge Begrenzung auf das »Dienstmädchenproblem«, das für viele Bahnhofsmissionen noch vor dem Krieg die dominierende Frage gewesen war, ließ sich angesichts der Massenprobleme der Zeit nicht mehr durchhalten.

In Bremen

Bei allem Jubel, den die deutsche Kriegserklärung an Rußland am 1. August 1914 auch in Bremen auslöste[41], für »Frl. Grabow«, die zweite Bahnhofsmissionarin, brachte er zunächst erhebliche Unannehmlichkeiten. Sie hatte sich nämlich auf dem Dampfer ›Weser‹ am 20. Juni 1918 auf eine »Instruktionsreise« nach Amerika begeben, um »die Versorgung der Frauen und Mädchen auf den Schiffen und in den Häfen zu studieren.«[42] Bei Kriegsausbruch war sie gerade auf der Rückreise begriffen. »Sie mußte erst wieder nach New York, da der deutsche Dampfer die Fahrt nicht fortsetzen konnte, und ist nach unangenehmen Abenteuern, die sie anschaulich beschreibt, endlich glücklich in Bremen angelangt.«[43]

Aber natürlich: Dies war nicht das Thema, das von einem ernsthaften Interesse war. In den bremischen Wohlfahrtskreisen wurde angeregt diskutiert, wie man den zu erwartenden besonderen Aufgaben im Krieg, der – wovon alle überzeugt waren – schon bald siegreich beendet sein würde, begegnen solle. Bereits am 2. August waren unter Vorsitz des Landesdelegierten vom Roten Kreuz, Senator **Hermann Hildebrandt**, »eine Reihe von Damen und Herren in der Absicht (zusammengetreten), die Grundlagen für die durch den Kriegszustand notwendig werdenden sozialen und vaterländischen Aufgaben zu bestimmen.«[45] Mit dabei, sogar in ex-

Hildebrandt, Herrmann (1849–1939); Rechtsanwalt und Notar; seit 1879 Abgeordneter der Bremer Bürgerschaft, Senator für das Armenwesen seit 1895. Hildebrandt bekleidete eine Reihe von Vorstandspositionen in privaten Vereinigungen des bremischen Wohlfahrtswesens. Zwischen 1897 und 1934 war er Vorsitzender des Roten Kreuzes in Bremen. 1933 wurde der Politiker mit anerkennenden Worten für seine Verdienste um das bremische Armenwesen durch die nationalsozialistischen Machthaber aus seinen Ämtern entlassen.[44]

ponierter Stellung, war Inspektor Pastor Frick vom Verein für Innere Mission und mit ihm der Verein selbst sowie die ihm nahestehenden Vereine; darunter auch die Bahnhofsmission.

Die Hauptrolle am Bahnhof spielte sie allerdings um diese Zeit nicht. Denn die Arbeit am Hauptbahnhof war das erste große ›Werk‹ überhaupt, das vom neuen »Zentral-Hilfs-Ausschuß« in Angriff genommen wurde. Bereits an seinem Gründungstag »versammelte sich eine Reihe eilig zusammengerufener Namen und übernahm die Aufgabe, für die Bewirtung der ins Feld ziehenden Truppen am Hauptbahnhof zu sorgen.«[46] Die Abfertigung der Soldaten erfolgte in der vom Norddeutschen Lloyd erst kürzlich in Betrieb genommenen Gepäck-Abfertigung für Auswanderer an der Gustav-Deetjen-Allee hinter dem Bahnhof. Aus diesem provisorischen Anfang entwickelte sich dann rasch die gut durchorganisierte »Abteilung Bahnhof«. Neben der Betreuung ›auszie-

Die Abfahrt des 1. Hanseatischen Infanterie-Reg. 75 anläßlich der Mobilmachung am 4./5. August 1914. Nachweis: Landesbildstelle Bremen

hender‹ Soldaten hatte sie schon bald nach Kriegsbeginn die zusätzliche Aufgabe, durchfahrende Truppen und die in Lazarettzügen ankommenden verwundeten Soldaten zu beköstigen und bei Bedarf für eine oder mehrere Nächte zu beherbergen. Es wurden, berichtete Pastor Frick, »Kaffee, Tee und andere Getränke oder Butterbrote den Soldaten zur Labung gespendet.« Und: »Tag und Nacht sind hilfreiche Frauenhände bereit, diesen Liebesdienst zu tun.«[47]

Hierfür hatte der Vorstand zunächst auch die Damen von der Bahnhofsmission zur Verfügung gestellt, sie dann aber bald wieder für »durchreisende Frauen und Mädchen« zuständig[48] erklärt. Damit waren sie vor allem für Flüchtlinge verantwortlich geworden. Weil sich schmerzlicherweise herausstellte, daß viele, die sich als hilfsbedürftige Flüchtlinge ausgaben, in Wirklichkeit »unechte« waren, die sich zusätzliche Leistungen der Kriegswohlfahrtspflege erschwindeln wollten, und »eine Sichtung sehr schwierig war«, hatten die beiden Bahnhofsmissionarinnen so viel zu tun, daß sie auf zusätzliche Kräfte zurückgreifen mußten. Sie wurden in einigen Damen und freiwilligen Hilfskräften aus dem Kreis der »Freundinnen«[49] gefunden, die fortan in Zeiten, in denen die Berufsarbeiterinnen notwendige Wege zu erledigen oder an Sitzungen teilzunehmen hatten, die Präsenz am Bahnhof garantierten. Dies, schrieb Frau Badicke, habe sich so bewährt, daß man hierauf auch in Friedenszeiten nicht mehr verzichten wolle. In Bremen schätzte man seither die Mitarbeit von ehrenamtlichen Kräften.

Beschäftigung gab es wohl tatsächlich den ganzen Tag. In einer »lehrreichen Notiz«, die der Zentrale in Berlin aus Bremen zuging, heißt es: »Nie stehen die Räder im Uhrwerk der B.M.* still, eins greift mit fortlaufender Notwendigkeit ins andere, und Kleines und Großes, Wichtiges und Unwichtiges, Krieg und Frieden, jedes Gebiet muß sorgfältig in den Tageslauf des Uhrwerks eingefügt werden, um ein Ganzes zu bilden.«[50] Zum »Kleinen« wird dann ausgeführt:

»Mit dem Betreten des Bahnhofs fängt schon das Fragen und Antworten nach Abfahrt und Ankunft der verschiedenen Züge an, ob es Durchgangswagen gibt oder wie oft umgestiegen werden muß. Dann wird man gebeten, Ankommende suchen zu helfen, Gepäck im Auge zu behalten, Fahrkartenschalter, Post, Telephon zu zeigen usw., kurz, die tausend

*Von der Bahnhofsmission waren für ihre Drucksachen und den Schriftverkehr die Kürzel »B.M.« für »Bahnhofsmission«, »B.M.i.« für »Bahnhofsmissionarin« und »B.M.i.n.« für »Bahnhofsmissionarinnen« eingeführt worden.

Bericht über eine der »frechsten Schwindlerinnen«[51]

»Hedwig wurde mir von einer älteren Frau zugeführt; sie sei aus Belgien mit verwundeten Damen hier angekommen; ich nahm sie mit nach Marthasheim. Frl. M. aus Brüssel stellte sich uns freundlich zur Verfügung, um wenigstens einigermaßen die Aussagen von Hedwig auf ihre Glaubwürdigkeit festzustellen. An Frl. M. machte Hedwig folgende Angaben: ›Ich bin 17 Jahre und bin in Lüttich in einer belgischen Familie sieben Jahre als Dienstmädchen tätig gewesen.‹ Bei Kriegsausbruch wurden die deutschen angestellten Mädchen vierzehn Tage bei Wasser und Brot eingesperrt, und aus Rache wurden ihnen die Haare abgeschnitten. Durch langes Bitten wurde Hedwig freigelassen, eilte zu ihrer verheirateten Schwester und fand dieselbe mit ihrem vierjährigen Kinde ermordet in der Küche liegen. Hedwig reiste darauf nach Brüssel, wo sie bei einem Schlachter Arbeit fand. Dort wurde sie dann aber ebenfalls eingesperrt, bis Brüssel in deutsche Hände kam. Von deutschen Soldaten befreit, wurde sie nach Deutschland transportiert. Hedwig gibt weiter an: Meine Eltern starben früh und die oben erwähnte Schwester heiratete einen Steinbach. Die beiden nahmen Hedwig mit nach Lüttich, wo dieselbe mit zehn Jahren in jene Stelle kam. Ihre Dienstherrschaft wurde wegen Beteiligung am Kampfe erschossen, ebenso die Wirtsleute der Frau Steinbach, weil sie dieselbe ermordet hatten. Der Mann Steinbach mußte sich in Köln beim Kriegsausbruch zum Miltär melden. Sonst hat Hedwig keine Verwandte.

Sie weiß nur noch, daß sie aus Kupferdreh vor sieben Jahren nach Belgien gekommen ist. Aber geboren ist sie dort nicht, und sie kennt nicht ihren Geburtsort. Sie kam mit nach Bremen, weil sie hier Paten zu haben glaubte, die aber auch inzwischen gestorben seien.

Einer der Soldaten, die mit ihr nach Bremen kamen, hat seinen Angehörigen genau so die Geschichte erzählt. – Wir versorgten Hedwig mit Kleidung und verschafften ihr einen dreiwöchigen Erholungsaufenthalt im Adelenstift.[52] Aber immer wieder kamen uns Bedenken über die Richtigkeit ihrer Angaben, da vieles nicht stimmte. Deshalb stellten wir sehr energische Nachforschungen nach der Herkunft und Vergangenheit an, die durch falsche Angaben und dadurch, daß alles in belgischen Orten sich abgespielt haben sollte, sehr erschwert wurden.

In vier Wochen war die Entlarvung klar, nach Rücksprache mit der Armenpflege wurde Hedwig am 15. Oktober polizeilich vernommen. Sie hatte alles zusammengelogen, ist entlaufener Fürsorgezögling und wieder in Fürsorge zurückgebracht worden.«

Die Sanitätswache des Roten Kreuzes auf dem Hauptbahnhof Bremen im Ersten Weltkrieg. Sie hatte ihren Standort dort, wo sich heute die Bahnhofsmission befindet. Nachweis: Ortsarchiv Weyhe; Wilfried Meyer

* Marie Badicke war offenbar eine jener 120 Frauen, die von der ev. Bahnhofsmission sowie dem kath. Mädchenschutzverein im Rahmen des »Frauendienstes im Kriegsgebiet« 1917/ 18 in verschiedene Regionen, z.B. nach Belgien, entsandt waren, um hier in Hospizen und temporär eingerichteten Bahnhofsmissionen zu arbeiten.[53]

Kleinigkeiten, die unsere lieben B.M.i.n. alle aus eigener Erfahrung und Betätigkeit kennen«, und die – wird hinzugefügt – von Anfängerinnen in der Arbeit und von Hilfskräften oft nur mit einem »das ist ja langweilig, wenn es weiter nichts gibt« quittiert werden. Aber in Wirklichkeit ist dies der Stoff, aus dem die anderen Dinge, die größeren und wichtigeren erst erwachsen, wenn man dann gelernt hat, »die rein äußerliche Technik des Kommens und Gehens, des Lebens und Treibens auf dem Bahnhof (zu) beherrschen«.

Über die weitere Arbeit der Bahnhofsmission in den letzten Kriegsjahren ist nur noch wenig bekannt. Die Chronik des Vereins für Innere Mission vermerkt noch zwei Ereignisse. Zum einen: Am Heiligabend 1917 »fand zum ersten Male eine Weihnachtsfeier für Eisenbahnbeamte und vor allem auch im Hilfsdienst tätige Eisenbahnbeamtinnen im Übernachtungsgebäude an der Findorffstraße statt.« Und zum anderen eine Nachricht vom 1. Juli 1918, die das Ende der vielleicht wichtigsten Periode der Bahnhofsmission ankündigt: »Frau M. Badicke, geb. Höpken, Mitglied der Frauengruppe, Berufsarbeiterin der Bahnhofsmission, zuletzt für die deutschen jungen Mädchen im besetzten Gebiet tätig*, nimmt aus Gesundheitsrücksichten ihren Abschied.«[54]

Charakterisiert war diese, mit der Einstellung Frau Badickes im Jahr 1900 beginnende Periode, durch die allmähliche Entwicklung eines Verständnisses, das die Bahnhofsmission einerseits als eigenständigen fürsorgerischen Dienst betrachtete, andererseits als Glied einer Kette von diakonischen Einrichtungen. Im modernen Sinne würde man sagen: Die Bremer Bahnhofsmission entwickelte ein Selbstverständnis als »Anlaufs-« und »Clearing-Stelle«, oder in den Worten Badickes:

»Zum Schluß möchte ich noch betonen, daß für mich die B.M. nicht als Einzelorganismus ihre Bedeutung hat, sondern immer nur in Verbindung mit all den anderen Einrichtungen, Vereinen der sozialen Arbeit und Werken der barmherzigen Liebe. In tausenden Fällen ist unsere Aufgabe, hauptsächlich die Menschen aus ihren Verhältnissen heraus in ihren Einzelnöten zu verstehen und danach ihnen die für sie geeigneten Hilfsmittel anzugeben und die Wege zu bahnen.«[55]

Sammlung
für die Bahnhofsmission

Wer kennt sie?

Sie hat seit 1894—1922 vielen Hunderttausenden von Menschen
in Deutschland geholfen, im Jahr 1922
allein 320 000 Menschen.

Sie bietet Rat und Hilfe auf der Reise j u n g e n
M ä d c h e n, F r a u e n und K i n d e r n. Sie nimmt sich aller
derer an, die sie brauchen: Flüchtlinge, Kranke, Blinde, Greise;
sie tut es u n e n t g e l t l i c h!

Unser allen bekanntes S c h i l d d a r f n i c h t aus dem
Verkehrswesen verschwinden! Der Neudruck erfordert **unge-
heure Summen!**

J e d e G a b e ist willkommen!

H e l f t u n s, damit wir anderen helfen können!

**Evang. Deutsche   Katholische
Bahnhofsmission   Bahnhofsmission**

**Jüdische
Bahnhofshilfe**

Die Bahnhofsmission in der Weimarer Republik

Überregional

Die politischen, ökonomischen und sozialen Entwicklungen der Nachkriegszeit und der Weimarer Republik stellten die Wohlfahrtsorganisationen und auch die Bahnhofsmissionen vor völlig neue Anforderungen. Die in der Weimarer Verfassung verankerte ›Einsetzung‹ des Wohlfahrtsstaates erweiterte das Aufgabenspektrum, verlangte nach neuen Strukturen und mehr Kooperation, nach Fachlichkeit und Schulung und nach Berücksichtigung der neuen Sozialgesetzgebung. Andererseits: Der Elan der ersten Stunde und der Verfassung brach sich im Laufe der kurzen Geschichte der Weimarer Republik immer wieder an den ökonomischen Problemen und politischen Verwerfungen. Was in den Nachkriegsjahren aufgebaut wurde, zerfiel in der Inflationszeit der Jahre 1922/1923; was dann – in den ›Goldenen Jahren‹ von 1923 bis 1928 – neu entstand, hatte kaum Zeit sich zu ›bewähren‹, weil es danach, begleitet von sozialen Notständen bislang nicht bekannter Art, schon rapide dem Ende entgegen ging.

Spendenaufruf der Ev. Deutschen Bahnhofsmission 1926.
Nachweis: ADW, CA, Gf/St 90
Mit dem Spendenaufruf von 1926 sollten Mittel für die neue Geschäftsstelle in Berlin-Dahlem in der Kaiserwertherstrasse 15 aufgebracht werden.

Die Bahnhofsmissionen, als kleiner Teil des Gesamtgeschehens, waren von alledem nicht mehr, aber genauso betroffen wie die große Verbände, die Bevölkerung und die Politik. Auf die ökonomischen Probleme der Nachkriegszeit und die Inflationsjahre reagierten sie mit Verhandlungen über die Erlaubnis von Sammlungen auf den Bahnhöfen. Die erste Sammelaktion konnte 1922 stattfinden.

Auf die Zentralisierungsbestrebungen in der Wohlfahrtspflege wurde mit einer neuen Satzung reagiert, die das Verhältnis der Zentralen zu den regionalen und örtlichen Verbänden der Bahnhofsmissionen neu regelten.* Die neuen fachlichen Anforderungen wurden mit dem Aufbau von Schulungskursen beantwortet. Die Notstände der Weimarer Republik, die Arbeitslosigkeit, die Wohnungslosigkeit, die Not der Jugendlichen, wurden zu neuen Schwerpunkten in der Arbeit. Als in der Endphase der Republik die Gefährdung der konfessionellen Wohlfahrtspflege absehbar wurde, rückten die katholische und die evangelische Bahnhofsmission sowie die Bahnhofsmissionen und die konfessionellen »Bahnhofsdienste« für männliche Jugendliche und junge Männer enger zusammen und fanden zu ersten Ansätzen einer ökumenischen Zusammenarbeit.

Pastor Heynes Beitrag zur Reform

Auch auf lokaler Ebene hatten sich die Bahnhofsmissionen auf die neuen Bedingungen einzustellen. Bremen hatte mit der Berufung Pastor **Bodo Heynes** zum neuem Inspektor für den Verein für Innere Mission und neuem Vorsitzenden der Bahnhofsmission im Jahr 1922 eine Persönlichkeit gefunden, die nicht nur die Zeichen der Zeit erkannte, sondern sich aktiv – auch überregional – an der Gestaltung der neuen Verhältnisse beteiligte. Es war sehr wesentlich ihm zu verdanken, daß die Arbeit der evangelischen Bahnhofsmissionen seit 1925 von zentral organisierten Lehrgängen für Bahnhofsmissionarinnen begleitet wurde, vor allem aber, daß es zu einem neuen Verständnis von Aufgaben und Zielsetzungen kam. 1925 hatte sich Heyne in einem Grundsatzreferat des Verbandsausschusses[57] dafür ausgesprochen, die »ursprüngliche Art der Arbeit ›Schutz und Rat für junge Mäd-

* Die neue Satzung der Evangelischen Bahnhofsmission wurde 1931 – verbunden mit einer Umbenennung in »Reichsverband der Evangelischen Deutschen Bahnhofsmissionen« – verabschiedet.
Nach der neuen Satzung waren jetzt alle Unterverbände und Arbeitsgemeinschaften auf regionaler Ebene im Verbandsausschuß vertreten. Der Verband war nicht mehr ein von oben gelenkter Verband, sondern ein Fachverband mit örtlichen, regionalen und zentralen Strukturen.

chen« und den »Gedanken der Christlichen Mission auch an den jungen Mädchen« der Geschichte der Bahnhofsmission zu übergeben, und an deren Stelle den »Gedanken der großen allgemeinen Bahnhofsfürsorge, welcher sich an alle Notleidenden wendet und mit allen Instanzen, vor allem auch den Behörden, zusammenwirkt«, zu setzen. Dem Protokoll hinzugefügt worden war: »Er wünscht sich eine nach außen vollkommen einheitliche Arbeit aller Beteiligten, damit keine Schwierigkeiten im Verkehr mit Behörden und Kommunen entstehen, die anderenfalls geneigt sind, die Arbeit selbst in die Hand zu nehmen.«

Auf die Schulungsarbeit war ein weiteres Referat Heynes während der »Führertagung« im Mai 1928 eingegangen.[58] Grundsätzlich, heißt es hier, sei wohl die Einstellung von ausgebildeten Wohlfahrtspflegerinnen erwünscht, »einmal weil die theoretische Schulung den Blick weitet für die Not und deren Beseitigung, dann weil die Stellung der Bahnhofsmission bei den Behörden und sonstigen Fürsorgestellen eine angesehenere sein wird«[59], andererseits sei eine solche Schulung aber »keine unabdingbare Notwendigkeit«, zumal den meisten Bahnhofsmissionen »die Mittel fehlen, solche hochbesoldete Kräfte anzustellen«, und es ohnehin nicht vergessen werden dürfe, »daß über Examen und staatlicher Anerkennung die Persönlichkeit selbst steht und daß alle Schulung diese nicht schaffen kann.« So schlug Heyne dann kompromißhaft einen dreimonatigen Einführungskurs mit sowohl praktischen wie theoretischen Anteilen vor. Für den theoretischen Teil fehle es zwar noch an einer »Wissenschaft der Bahnhofsmission«, auf wichtige Bestandteile für ein Curriculum könne aber schon verwiesen werden:

»Erstens ist notwendig die systematische Vertiefung der Kenntnis des Arbeitsortes, also des Bahnhofs. Er ist Brennpunkt des modernen Verkehrs. Er muß erfaßt werden in seiner inneren Struktur wie in seinem äußeren Betrieb (...).

Zweitens erscheint mir notwendig eine Einführung in die Psychologie des Reisenden. (...)

Drittens ist Wert zu legen auf die Methode persönlicher (individueller) Fürsorge. Unsere ganze Fürsorge ringt jetzt darum, loszukommen von der Organisation und der Typisierung der Not und die Notlage des einzelnen zu erkennen. (...)

Pastor Bodo Heyne.
Nachweis: VfIM Bremen

Heyne, Bodo (1893 –1980); Pastor. Pastor Heyne wurde am 28. August 1922 zum Inspektor des Vereins für Innere Mission gewählt. Er bekleidete das Amt unter verschiedenen Amtsbezeichnungen bis 1963. Der wichtigste Schwerpunkt seiner Arbeit innerhalb des Vereins war die Auswanderermission. 1923 schuf Heyne als Zusammenschluß aller evangelischen Wohlfahrtseinrichtungen inkl. der gemeindlichen diakonischen Dienste den »Evangelischen Wohlfahrtsbund«. Heyne war bis weit in die Zeit nach 1945 hinein die bestimmende Persönlichkeit nicht nur der ev. Wohlfahrtspflege, sondern der freien Wohlfahrtspflege in Bremen überhaupt.[56]

Zweiter Lehrgang

der Evangelischen Deutschen Bahnhofsmission Berlin-Dahlem
vom 8. bis 11. Oktober 1926.

In dankbarer Erinnerung an den wohlgelungenen Lehrgang von 1925 haben wir beschlossen, einen zweiten abzuhalten. Wegen Krankheit und großer Belastung des Büros durch die Bahnhofssammlung können wir das Programm heute nur in großen Linien andeuten. Alles Nähere wird in Dahlem bekanntgegeben.

Donnerstag, den 7. Oktober 1926: Anreise. .

Freitag, den 8. Oktober:

Die Vorträge finden voraussichtlich in Dahlem, im P a u l i n u m, Zietenstraße 24 (etwa 8 Minuten vom Burckhardthaus) statt.

V o r m. 9 U h r: Bibl. Einführung (Kol. 1 und 2) (D. Füllkrug). Männliche und weibliche Wanderer (Frl. Brede).

1 U h r: Mittagessen.

N a ch m. 4 U h r: Besichtigungen (Polizeiausstellung, Hilfsstelle der B. M. am Schlesischen Bahnhof usw.).

A b e n d s 8 U h r: Ausnützung der Heime und anderer Anstalten für Unterkunft.

Sonnabend, den 9. Oktober:

V o r m. 9 U h r: Bibl. Einführung (D. Füllkrug). Ausbildung von Bahnhofsmissionarinnen. Wert der Statistik.

1 U h r: Mittagessen.

N a ch m. 4—8 U h r: Ergebnisse von Neudietendorf (Herr v. Kamele).

A b e n d s: Praxis. Materialbesprechung.

Sonntag, den 10. Oktober:

V o r m. 10 U h r: Kirchgang.

„   11½ Uhr: Kindergottesdienst.

1 Uhr: Mittagessen.

N a ch m. 3 U h r: Gemeinsames Kaffeetrinken.

„   5 U h r: Sonntagsthema.

A b e n d s 8 U h r: Geselliges Beisammensein, Fragekasten.

Montag, den 11. Oktober 1926:

V o r m. 9—½1 U h r: Bibl. Einführung. Frage der Gefangenenfürsorge im Zusammenhang mit der B. M. (Frl. von Bülow). Die Kirchengemeinde und ihre Fürsorge in Beziehung zur B.M. (Frl. von Jagow).

N a ch m i t t a g: Ausflug.

A b e n d s: Zusammenarbeit mit den Eisenbahnern.

*Schulungsprogramm
für das Jahr 1933
Nachweis: ZA: 7/4096*

*Der Vergleich der beiden
Schulungsprogramme für
die Jahre 1926 und 1933
zeigt deutlich die fachliche
Umorientierung der
Bahnhofsmission in den
letzten Jahren der
Weimarer Republik.*

Reichsverband der
Evangelischen Deutschen
Bahnhofsmission

Berlin-Dahlem, den 8.April 1933
Kaiserswerther Str. 15

V. Ausbildungskurs

(vom 19. April bis 17. Mai 1933)

Eröffnung: Mittwoch, den 19. April 1933, abends 18,00 Uhr

U n t e r r i c h t s s t o f f

Der Unterricht erstreckt sich auf ca. 90 - 100 Stunden. Einige Tage
werden zu Besichtigungen verwandt.

Stunden-
zahl

1) Als Grundlage für die Gesamtarbeit und deren Geist und
   Sinn täglich eine Bibelstunde 26

2) Krankenpflege (Anwendung in der Bahnhofsmission) 6

3) Geschichte, Entwicklung und Bedeutung der Bahnhofsmission 8

4) Methodik (einschl. Statistik, Kursbuch, Aktenführung u.dgl.m.) 12

5) Fachmäßige Einführung in die Gesetze der Wohlfahrtspflege
   a) Fürsorgepflichtverordnung ....Dr. Muthesius 6
   b) Gesetz zur Bekämpfung der Geschlechtskrankheiten,
      Gefährdetenfürsorge 4
   c) Reichsjugendwohlfahrtsgesetz (Zusammenarbeit mit Jugendamt) 4
   d) Gesetzliche Bestimmungen für Wanderhilfe 6

6) Das Wichtigste über die Zusammenarbeit mit:
   a) Jugendamt,   )
   b) Wohlfahrtsamt   )
   c) Arbeitsamt   ) 2
   d) Pflegeamt   )
   e) weibl. Polizei

7) Wohlfahrtskunde:
   a) Öffentliche Wohlfahrtspflege 4
   b) Private   4

8) Arbeitsverwandte Gebiete:
   a) Innere Mission 1
   b) Evang. Bahnhofsdienst 1
   c) Freundinnenarbeit 1
   d) Evang. Jugendpflege 1
   e) Evang. Auswandererfürsorge 1
   f) Kath. Mädchenschutzverband 1

9) Sondergebiete
   a) Strafentlassenenfürsorge 1
   b) Bekämpfung des Mädchenhandels 1
   c)   "   des Alkhohols 1
   d) Arbeit des Christl. Gastgewerbes 1
   e) Propaganda, Bearbeitung der Presse 1

10) Allgemeines:
    a) Entwicklung der Sozialen Gesetzgebung 2
    b) Praktische Psychologie am Bahnhof 2

11) Praktischer Dienst: Wöchentlich zweimal an den Berliner Bahnhöfen

Mitwirkende: Der Vorsitzende, Herr Geheimrat von Kameke, D. Füllkrug,
Stadtrat Dr. Muthesius, Dr. Plieninger.
Frl. Bäcker, Frl. Dallmer, Frl. Dittmer, Frl. Drope, Fr. Hasselblatt,
Frl. von Jagow, Frl. Neidholdt, Frl. Reineck.

Schließlich ist wichtig eine gewisse Kenntnis des Gesamt-
gebietes der Wohlfahrtspflege, der Gesetze und Verordnun-
gen (...) Das braucht nicht bis in die kleinsten Einzelheiten
hinein zu gehen, sondern soll nur dazu führen, daß man
weiß, wie man sich in der Kompliziertheit der heutigen Fürsorgearbeit zurechtfindet.«[60]

Auch eine systematische Weiterbildung der bereits amtie-
renden Bahnhofsmissionarinnen hatte Pastor Heyne ange-
mahnt und für eine ausreichende Bezahlung und für die »Versorgung der im Dienste müde gewordenen Kräfte« plädiert.
Wie wichtig diese Ermahnungen waren und wie häufig sie
vielfach verhallten, belegt die Tatsache, daß noch 1931 häufig nur Gehälter zwischen 30 und 70 Mark bezahlt wurden.[61]
›Bände‹ über die soziale Situation der Bahnhofsmissionarinnen spricht auch Heynes Hinweis, daß ihre freie Verpflegung (als Bestandteil des Gehalts) nicht aus »In-der-Reihe-
herum-Essen«, also Verpflegung in wechselnden diakonischen Einrichtungen etc., bestehen dürfe, sondern zumindest
in Form freier Station und Verpflegung in einer Einrichtung zu
gewährleisten sei.[62]

In Bremen

Zunächst aber – und bevor Pastor Heyne die Reorganisation
der Bahnhofsmission auch in Bremen umsetzen konnte – waren von den beiden Bahnhofsmissionarinnen die alltäglichen
neuen Probleme zu bewältigen und die neuen Bedingungen
zu durchschauen. Zu letzterem gehörte auch, daß sich der
Verein für Innere Mission bald nach Kriegsende stärker mit
den anderen evangelischen Wohlfahrtsvereinigungen verbunden hatte und Teil des von Heyne gegründeten »Evangelischen Wohlfahrtsbundes« geworden war. Gut vorbereitet
durch die fruchtbare Kooperation mit Behörden und Vereinigungen der Freien Wohlfahrtspflege im Zentral-Hilfs-Ausschuß vom Roten Kreuz während des Weltkrieges, hatten die
evangelischen Vereinigungen schon bald nach Kriegsende
in dem sich neu formierenden Wohlfahrtswesen Fuß fassen
und sich zu einem gewichtigen Bestandteil des Ganzen entwickeln können. Man profitierte von den Sammlungen der
»Bremer Kinderhilfe« und der »Bremer Volkshilfe«*. Der neue

* Systematische Sammlun-
gen für das Wohlfahrtswe-
sen waren gleich zu Beginn
des Ersten Weltkrieges im
Zentral-Hilfs-Ausschuß vom
Roten Kreuz aufgebaut und
nach Kriegsende institu-
tionalisiert worden. Unter
dem Namen »Wilhelm-Kai-
sen-Brüderhilfe« existiert die
Volkshilfe noch heute.[63]

Das Frauenheim der Inneren Mission in der Hansastraße (Walle) Nachweis: VfIM Bremen

Spitzenverband war mit Sitz und Stimme in den neuen Gremien der Stadt für das Jugend- und Wohlfahrtswesen vertreten und – seit Tätigkeitsbeginn des Inspektors des Vereins für Innere Mission der ersten Nachkriegsjahre, Pastor **Fritz**, sogar an der Ausbildung von Fürsorgerinnen in der neu gegründeten staatlichen Wohlfahrtsschule[65] beteiligt.

Auch intern ging der Verein für Innere Mission eher gestärkt als geschwächt aus den Wirrungen der Nachkriegsjahre und der Inflationszeit hervor. So konnte 1922 das vom Konkurs bedrohte Arbeiterinnenheim des der Inneren Mission nahestehenden »Vereins Arbeiterinnenheim« in der Hansastraße mit Hilfe der Stadt Bremen vom Verein für Innere

Fritz, Alfred (1886–1963), Pastor, Inspektor des Vereins für Innere Mission 1916–1922, danach Pastor der franz. reformierten Gemeinde in Frankfurt a.M.[64]

Mission übernommen und zum »Frauenheim der Inneren Mission« für obdachlose Frauen umgebaut werden. Ähnliches widerfuhr dem traditionsreichen Marthasheim. Nicht nur, weil sein ursprünglicher Zweck durch staatliche Haushaltungsschulen bereits seit längerem hinfällig geworden war, sondern auch, weil der Verein Marthasheim unter der Last der Inflation an den Rand des Ruins gebracht worden war. Der Verein für Innere Mission hatte daher im Dezember 1921 dem Antrag des Vereinsvorstands stattgegeben, das Heim mit allen Aktiva und Passiva zu übernehmen und es zu einer Frauenherberge umzurüsten. Auch unter der neuen Regie blieb das Heim in seiner Abteilung B »Übernachtungsheim und Hospiz für weibliche Reisende. Bahnhofsheim«[66], orientierte sich jetzt aber in der Abteilung A jugendfürsorgerisch um und kümmerte sich um obdachlose Frauen und Mädchen, »namentlich Jüngere, die ja am leichtesten der Gefährdung ausgesetzt sind.«[67] 1921 schließlich wurde die »Zufluchtsstätte« dem Verein eingegliedert und – unter dem neuen Namen »Isenbergheim« – in ein Kinderheim für Mädchen und weibliche Jugendliche umgewandelt.

Mit der Übernahme dieser drei Heime verfügte der Verein für Innere Mission nunmehr über einen eigenen Komplex mädchen- und frauenspezifischer Einrichtungen. Es kann darum nicht verwundern, daß auch die Bahnhofsmission, obwohl weiterhin formal selbständig, enger an den Verein heranrückte und praktisch zu einem Teil von ihm wurde.

Am Bahnhof selbst hatte »Frl. Grabow« nach dem Ausscheiden von Frau Badicke nunmehr die leitende Position inne. Wie die Bahnhofsmissionarin das Ende des Ersten Weltkrieges und die Wirren des ersten Nachkriegsjahres erlebt, wie sie ihre Arbeit organisiert hat, ist nicht überliefert. Sie wird es aber zunächst mit Reisenden und Personen zu tun gehabt haben, die sich von dem gewohnten Klientel unterschieden. Die revolutionierenden Kieler Matrosen, die nach Kriegsende auf dem Weg zur A.G. »Weser« waren und mit dem Ziel, eine sozialistische Räterepublik auszurufen, in Bremen ankamen, dürften hier ebenso anzutreffen gewesen sein wie die vielen Teilnehmer der Demonstrationszüge in den ersten Nachkriegsmonaten. Bald wird »Frl. Grabows« Sorge dann aber gewesen sein, daß sich der Bahnhof mit Menschen füllte, die teils offensichtlich hilfsbedürftig und in großer Not

waren, teils aber auch Unordnung in die Welt brachten, andere ausbeuteten und ausnutzten. Da waren beispielsweise die 10.000 Arbeitslosen in Bremen, von denen gewiß eine ganze Reihe den Bahnhof nutzten, um die Langeweile des Tages zu vertreiben. Von den 5000 Wohnungssuchenden im Jahre 1920, unter ihnen viele völlig Obdachlose, werden viele im Bahnhof Schutz vor der Kälte gesucht haben. Zwischen ihnen werden sich gewiß auch einige befunden haben, die Pastor Fritz den »übelsten Elementen«[68] zugerechnet hätte: Wucherer und Schwarzmarkthändler, Betrüger, auch solche, die die Not dazu getrieben hatte, sich zu prostituieren, ferner auch jene »leistungsschwachen, geringbeschäftigte Frauen und Mädchen, aus dem Krankenhaus entlassene, durch Not gedrückte, oft tief gesunkene Menschenkinder«, denen das Marthasheim um diese Zeit Gelegenheit gab, »äußerlich wie innerlich zu gesunden«.[69] Ihnen vor allen wird sich Frl. Grabow neben den vielen sonstigen Aufgaben, die der Bahnhofsdienst immer mitgebracht hatte, gewidmet haben, und weil die Auswanderermission, der gerade sie vor dem Weltkrieg so sehr verpflichtet war, noch nicht richtig wieder in Gang gekommen war, wird sie auf jene Gefährdeten ihr besonderes Augenmerk gerichtet haben.

Tatsächlich wissen wir für die ersten Nachkriegsjahre bis 1923 nur das, was die Rundbriefe der Deutschen Ev. Bahn-

hofsmission an Kurznotizen über die Bremer Arbeit druckten
und was die Chronik des Vereins für Innere Mission zu ver-
merken hat. Es ergibt sich hieraus,

– daß Weihnachten 1919 mit 20 Personen, männlichem
und weiblichem Zugpersonal, im Übernachtungsraum unter
»denkbar einfachsten Bedingungen« gefeiert wurde;[70]

– daß Frl. Grabow 1921 »erfreuliche praktische Mithilfe
am Bahnhof durch eine Vorstandsdame und verschiedene
Frauenschülerinnen erfahren hat«, und daß sich »viele soziale Einrichtungen im Lande, besonders der Fürsorgeverein
Münster, gern der nie versagenden Hilfe der Bremer B.M. (be-
diente)«;[71]

– daß die Bahnhofsmission am 1. Oktober 1922 aus ihrem bisherigen Zimmer im südöstlichen Flügel des Hauptbahnhofs am in den östlichen Flügel des Empfangsgebäu-
des umziehen mußte und in dem jetzt um 4 Quadratmeter
kleineren Zimmer 7.778 Mark (noch moderates) Inflations-

Einzelfälle aus der Arbeit der Bahnhofsmission in den Jahren 1921–1925[75]

»Ein achtzehnjähriges Mädchen wurde uns durch eine Fürsorgeschwester aus Münster gebracht. Dasselbe hatte in Lehe einen angeblichen Architekten kennengelernt, welcher nach Münster zur Schutztruppe mußte. Er überredete das junge Mädchen, mit ihm nach Münster zu fahren, wo es sich mit ihr verloben wollte. Er gab ihr auch sein Geld zum Aufbewahren, so daß sie ihm glaubte. In Münster angekommen, logierte sie in einem Hotel, tagsüber ging er zur Truppe. Nach einigen Tagen ließ er sich von dem Mädchen das Geld geben und bald darauf verließ er sie und nahm ihre Stiefel mit. Das Mädchen saß nun mit 84 M. Logisschulden allein da und mußte sich in der Not an die Fürsorgeschwester in Münster wenden, welche sie zu uns nach Bremen brachte. Das Mädchen hatte eine Stiefmutter und konnte nicht im Hause bleiben. Die Eltern baten uns, der Tochter möglichst in Bremen eine Stelle zu besorgen, was uns auch gelang.«

»Am 20. Juli trafen wir in der Bahnhofshalle zwei kleine Mädchen im Alter von 8 und 9 Jahren. Die Kinder stammten aus Karlsruhe und sollten nach Holland zu einer Familie, bei der sie bereits vor einem Jahre schon einmal gewesen waren. So viel wir aus den Angaben der Kinder entnahmen, hat der holländische Herr die Kinder hier am Bahnhof in Empfang und mit nach Holland nehmen wollen. Wahrscheinlich handelte es sich um ein Mißverständnis, denn der Herr war nicht anwesend. Da die Kinder nur im Besitz einer geringen Geldsumme waren und die Reise nach Holland das Vielfache kostete, sandten wir einen Eilbrief nach Holland. Die Kinder nahmen wir mit in unser Heim. Inzwischen wurde bei der Bahnpolizei abends gegen 10 Uhr von Holland aus telephoniert, daß die Kinder am nächsten Morgen abfahren möchten. Wir legten das fehlende Reisegeld aus und brachten die Kinder am nächsten Morgen in den Zug.«

»Eines Tages wurde uns von der Kriminalpolizei am Bahnhof eine 23jährige jüdische Schneiderin zugesandt, der ein junger Mann vorgeschwindelt hatte, er habe in Holland eine Stelle, dort wollten sie heiraten. Damit sie sich nicht mit allzuviel Gepäckstücken abschleppen müßten, packte er seine Sachen gleich mit in den Koffer des jungen Mädchens, dann ließ er sich Geld, Kofferschlüssel und Papiere zum Aufbewahren geben. Selbst die Strickjacke, die das junge Mädchen wegen der Kälte anbehalten wollte, hat er anfangs mit in den Koffer packen wollen. In Bremen ließ er das Mädchen im Wartesaal 1. und 2. Klasse sitzen, um die Fahrkarten zur Weiterreise zu lösen und ließ sich nicht wieder sehen. Wir nahmen das Mädchen sofort in unseren Schutz und führten es dem Rabbiner zu. Dort verblieb sie eine Zeitlang als Schneiderin. Alle Nachforschungen seitens der Polizei nach dem Schwindler waren erfolglos.«

geld als Pauschalentschädigung für die im Raum befindliche Dampfheizung zu zahlen hatte;[72]

– daß im Jahre 1922 ungefähr 4000 Menschen beraten und betreut wurden;[73]

– schließlich, daß der Verein für Innere Mission in Verbindung mit der Bahnhofsmission im März 1923 die Fürsorge für Rhein- und Ruhrflüchtlinge auf dem Bahnhof übernommen hatte.*

Ein erster ausführlicherer Bericht liegt erst wieder aus dem Jahr 1924 vor.[76] Im Oktober 1923, heißt es hier, hatte die Bahnhofsmission ihr 25jähriges Jubiläum begangen. Im gleichen Jahr war es mit der Aufnahme des sog. Kettendienstes – der telefonischen ›Weiterreichung‹ von Reisenden von einer zur anderen Bahnhofsmission – zu einer organisatorischen Neuerung gekommen. Neben der Tätigkeit für die Obdachlosen war jetzt auch die Fürsorge für weibliche Auswanderer wieder zu einem gewichtigen Arbeitsfeld geworden. Das eigentlich ›Revolutionäre‹ aber war, daß in zunehmendem Maße auch männliche Regisende Rat und Auskunft bei der

* Die Sorge um Rhein- und Ruhrflüchtlinge stand im Zusammenhang mit dem Einmarsch französischer Truppen ins Ruhrgebiet im Januar 1923, mit dem die Franzosen ihre Forderungen nach Reparationszahlungen durchsetzen wollten. Auch in Bremen hatte es eine Welle »nationaler Empörung« und organisierte Hilfsmaßnahmen gegeben.[74]

Bahnhofsmission suchten und darum sogar eine zweite Berufsarbeiterin eingestellt werden mußte.

Obgleich es um diese Zeit noch keinen männlichen Bahnhofsdienst in der Republik gab, hatte man in Bremen also bereits die Entscheidung getroffen, sich von der Spezialisierung auf junge Frauen und Mädchen vorsichtig zu verabschieden. Nach Gründung des auf Männer bezogenen Evangelischen Bahnhofsdienstes im Jahr 1926 wurde dieser Kurswechsel zugleich zu einer bewußten Entscheidung gegen die männliche ›Konkurrenz‹ auf dem Bahnhof, oder genauer: zu einer bewußten Entscheidung für eine einheitliche ›Bahnhofsfürsorge‹. Der Berliner Zentrale, die die Männer auf dem Bahnhof auch nicht gerade willkommen geheißen hatte, dürfte die folgende Zuschrift aus Bremen sehr willkommen gewesen sein:

»Die durch Arbeits- und Obdachlosigkeit hervorgerufene Not des männlichen Geschlechts, wie sie sich gerade auch auf dem Bahnhof als natürlichem Sammelpunkt bemerkbar macht, fordert heute eine umfassende Bahnhofsfürsorge für

Die Statistik der Bremer Bahnhofsmission für das Jahe 1926 erschien im 25. Rundschreiben der Ev. Bahnhofsmission (1928) Nachweis: Bibliothek des DW Berlin

A. Personen.

I.
a) Männer	. . . .	3036
b) Frauen	. . . .	2061
c) Jugendliche von 16 bis 20 Jahren, männlich		80
	weiblich	56
d) Kinder	. . . .	520
	zusammen	5753
Außerdem noch in 49 Transporten	. . .	941 Kinder

II.
Von den Personen waren:

Durchreisende	. . . .	667
Zu- und Abreisende	. . . . . .	3002
Auswanderer	. . . .	1625
Rückwanderer	. . . .	269
Schwerhilfsbedürftige	. . . .	103
Schwangere	. . . .	50
Entlassene Gefangene	. . . .	37
Erholungsbedürftige Kinder	. . . .	941

B. Erledigung.

I. Zugdienst:
a) abgeholt vom Zuge	. . . .	1921
b) zum Zuge gebracht	. . . . . .	1797
c) besondere Hilfeleistungen	. . . . .	745
d) mit 49 Transporten	. . . .	941 Kinder
e) Fahrkartenbeihilfe (aus eigener Kasse)		78*)
f) durch Kettendienst weitergeleitet	. . . .	95

*) davon zurückgezahlt 29.

II. Fürsorge.

1. Heimunterbringung:
a) Marthasheim (Frauen)	. . . .	281
b) Kinderheim	. . . .	42
c) Elisabethhaus	. . . .	43
d) Frauenobdach	. . . .	34
e) Männerherberge	. . . .	73
f) Obdachlosenheim	. . . . . .	159
g) Jugendherberge	. . . .	58

2. Anderen Fürsorgestellen übergeben:
a) Innere Mission	. . . .	110
b) Fürsorgeamt	. . . .	655
c) Jugendamt	. . . .	34
d) Pflegeamt	. . . .	2
e) Polizei	. . . .	14
f) Einwandererfürsorgestellen in Uebersee	. .	1625

3. Verschiedenes:
a) Gepäck	. . . .	202
b) Essen	. . . .	122
c) in Stellung untergebracht	. . . . .	33
d) nachgehende Fürsorge	. . . . . .	10

4. Auskunft:
a) mündliche	. . . .	884
b) schriftliche (Briefe, eingegangen)	. . . .	407
c) „ (Briefe, ausgegangen)	. . . .	296

* Die Bremer Winterhilfe wurde im Herbst 1931 als Sammlungs- und Hilfswerk für die notleidende Bevölkerung von Wohlfahrtsverbänden, Parteien und Gewerkschaften, der Handelskammer u.a. gegründet. Ein Teil der Sammlungsergebnisse kam den ›mildtätigen‹ Einrichtungen zugute, ein anderer Teil wurde zur direkten Unterstützung hilfsbedürftiger Menschen verwandt.

alle Arten von drohender und eingetretener Not ohne Unterschied. Da die besondere Eigenart der Bahnhofsmission nicht in der selbständigen Erledigung der Notfälle – abgesehen von schnell zu beseitigender Hilfsbedürftigkeit –, sondern in dem Aufgreifen und Zuleiten der Hilfsbedürftigen an die betreffenden Fürsorgestellen liegt, so halten wir die organisatorische Trennung von männlichem und weiblichem Bahnhofsdienst nicht für in der Arbeit selbst gegeben.«[77]

Nachdem 1927 noch einmal ein Bericht zur Bahnhofsmission im Bremer Kirchen-Blatt erschien[78] – Pastor Heyne berichtet in ihm über die Aufgaben, vor allem über die große Geldnot, die sogar die Gehaltszahlungen für die Bahnhofsmissionarinnen mehrfach in Frage gestellt hätten –, bricht 1928 die Berichterstattung über die Bahnhofsmission erneut ab. Für die Zeit bis zum Ende der Weimarer Republik wissen wir nur noch, daß die Bahnhofsmission in den schlimmsten Jahren, den Jahren ab 1930, ein wenig Geld von der Winterhilfe* erhielt – nämlich 500 Mark, das waren 0,5% der Gesamtausschüttungen – und das, was im folgenden zu berichten sein wird.

Der gescheiterte Versuch zur Gründung einer katholischen Bahnhofsmission in Bremen

Lange, Hermann (1880–1942); Dr. phil.; Pastor. Nach der Priesterweihe 1906 Kaplan an der Marien-Kirche und der St.-Johannis-Kirche in Bremen, ab 1914 Pastor von St. Marien. Schwerpunkt des Wirkens Langes in Bremen war die karitative Arbeit, mit deren mittelalterlichen Ursprüngen er sich auch in seiner Dissertation beschäftigte hatte. 1928 bis 1931 gehörte Pastor Lange als Abgeordneter des Zentrums der Bremischen Bürgerschaft an. 1931 wurde er in das Domkapitel zu Osnabrück berufen.[80]

Am 30. September 1917 hatten sich in Bremen die karitativen Einrichtungen und Vereine der katholischen Gemeinden zum Caritasverband Bremen zusammengeschlossen. Seine Satzung benannte als Zweck die »planmäßige Förderung u. Pflege der Werke der Nächstenliebe innerhalb der katholischen Gemeinden Bremens zur Erzielung eines geordneten Zusammenwirkens aller auf karitativem Gebiete tätigen Kräfte. Unterstützung aller gesunden Bestrebungen der christl. Caritas und Vertretung ihrer Interessen bei den öffentlich-rechtlichen Organen und nicht-katholischen u. paritätischen Verbänden. Mitarbeit in der öffentlichen Fürsorge.«[79] Konstrukteur des Zusammenschlusses und dessen Leiter bis 1931 war **Hermann Lange**, Pastor von St. Marien.

Teil der Verbandes war auch der »Katholische Fürsorgeverein für Mädchen, Frauen und Kinder«, eine Vereinigung, die im Jahr 1900 in Dortmund gegründet worden war und seit 1910 auch über einen bremischen Ortsverein verfügte. Anders als die Zentrale und diverse Ortsverbände in anderen Regionen, hatte sich der Dienst hier aber zunächst nicht zu einer dem Mädchenschutz gewidmeten Vereinigung entwickelt, sondern sich allgemeinen fürsorgerischen Tätigkeiten, zum Teil in Kooperation mit kommunalen und halbstaatlichen Institutionen, angenommen.[81]

In den Folgejahren hatten sich die Frauen des Vereins unter Leitung von »Frau Dr. Hinsch« und »Frau Regierungsrat Sommer«* allerdings hin und wieder auch »jenen Ärmsten der Armen, die durch die Sünde krank geworden«[82], geschlechtskranken Mädchen und Frauen also, zugewandt, 1923 darüber hinaus »ein kleines Zufluchtsheim«, das St. Elisabethhaus in der Kohlhökerstraße, eröffnet. Das Heim war so klein, daß es gerade ausreichte, um dem dringendsten Unterbringungsbedarf für katholische Mädchen, junge Frauen und Kindern »in jeglicher Not« abzuhelfen.[83] Hinzu-

*Domkapitular Dr. Hermann Lange. Pastor von St. Marien 1914–1931 und Begründer des Caritasverbandes Bremen.
Nachweis: Bistumsarchiv Osnabrück*

* *Die Damen wurden jeweils mit dem Titel ihres Ehemanns benannt. Über »Frau Dr. Hinsch« konnten keine biographischen Informationen ausfindig gemacht werden. Frau »Regierungsrat Sommer«, geb. Erling, war die Gattin des späteren Direktors Sommer in der Finanzbehörde. Die Familie Sommer gehörte zur Dynastie der katholischen Fabrikantenfamilie Erling, den Besitzern der Roland Mühle.*

*Das erste kath. Heim in Bremen, das St. Elisabethhaus in der Kohlhöker Straße.
Nachweis: Ansgarius, 2. Jg., Nr. 48, 1925, S. 390*

Das Mütter- und Säuglingsheim St. Theresien in Huchting (später in Vegesack).
Nachweis: Ansgarius, 2. Jg., Nr. 48, 1925, S. 390

gekommen war schließlich 1925 das St. Theresienhaus für Mütter mit ihren Säuglingen, für »mutterlose Säuglinge« sowie für 15–20jährige gefährdete Mädchen zunächst in Huchting, dann in Vegesack.[84]

Diese Einrichtungen für Mädchen und Frauen durch eine eigene Bahnhofsmission zu ergänzen, war lange Zeit kein originäres Bremer Anliegen gewesen. Zwar hatten die Frauen des Vereins Mitte der 20er Jahre die Notwendigkeit hierfür erkannt, man verfügte aber weder über die personellen Möglichkeiten zur Ausweitung der Arbeit in den Bereich des »vorbeugenden Mädchenschutzes« noch über die notwendigen Finanzmittel für die Gründung eines für eine solche Arbeit geeigneten Übernachtungsheims.

Die Initiative ging dann – auf Anregung des Deutschen Nationalverbandes der kath. Mädchenschutzvereine in Freiburg – im Herbst 1928 vom Kath. Mädchenschutzverein der Diözese Osnabrück aus. Nach ersten Vorgesprächen mit dem Caritas-Direktor Lange war man diesem Gedanken ein Jahr später mit einer konkreteren Planung nähergekommen. Geplant war, »den Kreis der Mitarbeiterinnen des Fürsorgevereins zu erweitern und dann schließlich einige Damen vom Fürsorgeverein für die Mädchenschutzarbeit wieder freizustellen.«[85] »Frau Dr. Sommer« hatte sich zudem, trotz der drängenden Geldsorgen, bereit erklärt, das Elisabethheim »ganz für den Mädchenschutz freizustellen« und für das bislang hier untergebrachte »Vorasyl« ein eigenes Heim zu erwerben, falls das Wohlfahrtsministerium in Berlin hierfür einen Zuschuß gewähre.

Eine eigene Unterbringungsmöglichkeit für ›unbescholtene Mädchen‹ wurde auch von der Generalsekretärin des Nationalverbandes, **Elisabeth Denis**, als notwendige Voraussetzung für die Bahnhofsmission in Bremen betrachtet. Denn: »Die Schwierigkeit der Verabfolgung von Reisegeldern wird von uns sehr stark gesehen, und aus der praktischen Arbeit heraus kommen wir unbedingt zu dem Ergebnis, die Verausgabung von Reisegeldern nur bei ganz genauer Prüfung der Verhältnisse in Ausnahmefällen zu geben. Die Voraussetzung für diese Prüfung ist jedoch die Unterbringung in einem Heim.«[86]

Sie nahm sich dann auch persönlich der Sache an, indem sie zur Unterstützung des Neubaus Kontakt zu einer Abgeordneten im Reichstag sowie zu den katholischen Firmen Leffers und Brenninkmeyer in Bremen aufnahm.[87] Die Initiative scheiterte angesichts der mit dem »Schwarzen Freitag«, dem Zusammenbruch der New Yorker Börse am 24. Oktober 1929, eingeleiteten und rasch auch Bremen erreichenden Weltwirtschaftskrise. Im Juni 1931 mußte die Diözesansekretärin des Mädchenschutzbundes feststellen, daß man in der Schaffung eines eigenen Heims für die Mädchenschutzarbeit in Bremen um keinen Schritt vorangekommen war und dies »in der heutigen Notzeit« für eine »nicht durch Mitgliederbeiträge und Vereinsvermögen gestützte Organisation« auch »eine Utopie« sei.[88]

Auf eine katholische Bahnhofsmission bzw. eine katholische Mädchenschutzarbeit sollte dennoch nicht verzichtet werden. Von jetzt an konzentrierten sich die Bemühungen auf die Suche nach einer geeigneten bremischen Persönlichkeit, »die, nicht in der Fürsorgevereinsarbeit stehend, für die vorbeugende Jugendhilfe an der wandernden und ortsfremden Jugend Eignung und Interesse zeigt « und möglichst »durch eine Rente oder auf irgendeine andere Weise ihren Lebensunterhalt bis zum Existenzminimum gesichert weiss, sodass sie für den Einsatz ihrer Kraft in unser Werk von uns nur ein kleines Entgelt zu erwarten braucht.«[89] Vorsorglich, schrieb die Diözesansekretärin, solle schon mal »ein Einvernehmen mit der evgl. Bahnhofsmission geschaffen werden, um unsere Interessen so viel wie möglich vom ersten Augenblick des ›Falles‹ an selbst wahren zu können « ,vor allem sollte eine Vereinbarung darüber getroffen werden, »dass die kath. Per-

Denis, Elisabeth
(1900–1969), Sozialwissenschaftlerin. Ab 1925 im Generalsekretariat des Nationalverbandes, 1928 bis 1969 Geschäftsführerin des Verbandes.

sonen, die der Bahnhofsmission zugehen, kath. Stellen zur Betreuung überwiesen werden.«[90]

Mittlerweile hatte der Fürsorgeverband auch Kontakt zur bremischen Zweigstelle des »St. Raphaels-Vereins zum Schutze katholischer deutscher Auswanderer« aufgenommen, um Möglichkeiten einer Beteiligung in personeller, räumlicher und finanzieller Art zu erkunden, war dort aber zunächst auf Ablehnung gestoßen. Der Verein, der mit einem hauptamtlichen Assistenten ohnehin am Bahnhof tätig war, befürchtete nicht nur doppelte Arbeit, sondern auch Konkurrenz. Man habe, hieß es in einem Schreiben, ohnehin »alle uns gemeldeten Fälle nach besten Kräften erledigt«. Und: »Von den Bahnbeamten werden uns sowieso alle Fälle überwiesen, bei denen es sich um Katholiken handelt, mögen es Auswanderer sein oder nicht.«[91]

Diesen ersten Versuchen folgten diverse weitere. 1932 schlug der Nationalverband vor, einen eigenen Ortsverein für den Mädchenschutz zu gründen, was von den Bremern aber abgelehnt wurde. 1933 erklärte der St. Raphaels-Verein sich wieder zur Kooperation bereit, sogar zur Vorbereitung einer gemeinsamen Vereinsgründung für eine Bahnhofsmission. Die Jahre 1934 und 1935 wurden mit der Suche nach einer geeigneten Persönlichkeit für die Bahnhofsmission verbracht, aber alle Versuche scheiterten. 1936 machte der St. Raphaels Verein erneut einen Rückzieher, weil er eine Übervorteilung durch den Mädchenschutz befürchtete und außerdem inzwischen eine eigene Personalentscheidung – für einen Mann – getroffen hatte. Anfang 1937 gab es noch einen Vorstoß des Generalvikars in Osnabrück, um den ›störrischen Pater‹ (so sinngemäß die Beurteilung durch den Fürsorgeverein) des Auswanderervereins endlich zum Einlenken zu bringen. Am 1. April 1937 schrieb dann der Nationalverein an den Domkapitular Dr. Lange im Generalvikariat Osnabrück,[92] daß die ganze Sache »ja zu einem Schmerzenskind geworden (ist), besonders nachdem sich auf dem Gebiete der Bahnhofsmission die Gesamtlage so entwickelt und zugespitzt hat, dass man mit gutem Gewissen einem Ausbau in Bremen nicht mehr zustimmen kann.«

Pastor Bodo Heyne, dem dieses Schreiben zur Kenntnis gegeben wurde, bestätigte dies. Am 7. April 1937 schrieb er der Generalsekretärin Denis nach Freiburg:

Aus einem Schreiben des
Kath. Fürsorgevereins,
Zentrale Dortmund, vom
August 1932
Nachweis: ADCV:
329.1+127 A-I, Fasz. 3]

Bremen [?] ... abgeg. an Fürsorgeverein, Bremen (Frau Dr. Sommer, Bremen)
Fürsorgeverein, Zentrale Dortmund
18. August 1932.
H.H. Peter Valerius, Raphaelsverein, Bochum.

Betr. Mädchenschutzarbeit und Mädchenschutzverein
in Bremen.

I. Bericht.

Angesichts der Zeitnot muß in größter Sorgfalt erwogen
werden, wie weit tatsächliche Bedürfnisse für eine besondere Mädchen=
schutzarbeit in Bremen bestehen und welche praktischen Möglichkeiten
und Grundlagen dafür örtlich zu schaffen sind. Die Zeitnot und die an
sich berechtigte Abneigung gegen einen "neuen Verein" dürfen jedoch
auch nicht dazu führen, daß dringliche Notwendigkeiten des Mädchen=
schutzes keine Berücksichtigung finden und der gegebene Zeitpunkt für
die Einrichtung einer organisierten Mädchenschutzarbeit in Bremen für
immer verpaßt wird.

1.) Die B a h n h o f s m i s s i o n in Bremen wird nur von
evangelischer Seite ausgeübt (Frl.Grabo); es besteht eine freundliche
Zusammenarbeit sowohl von seiten des Raphaelsvereins als auch des Für=
sorgevereins; sie gründet sich vor allem auf die gerechte und loyale
Haltung von Herrn Pastor Heyne (Evgl.Auswanderermission).

Vom Standpunkt katholischer Seelsorge ist trotz dieser
guten Zusammenarbeit die Lage sehr unbefriedigend. Fürsorgeverein wie
Raphaelsverein machen die Erfahrung, daß keinesfalls alle katholischen
Schützlinge in katholische Hände kommen. Das hat seinen Grund in der
viel liberaleren Auffassung auf evangelischer Seite, weiterhin auch
darin, daß besonders Jugendliche sich gegenüber einer evangelischen
Bahnhofsmission nicht immer leicht als Katholiken bekennen und z.B.
auch bei den üblichen "Reisefreundschaften" nicht gern zu unbekannten
Menschen, zu einem fremden Heim gehen, wenn sie zu den Persönlichkeiten
der evgl.Bahnhofsmission Vertrauen gefaßt haben. Es erscheint als gro=
ßer Mangel, daß den zureisenden Katholiken nicht wie in andern Städten
das gelb-weisse Zeichen des Mädchenschutzes in Plakat und Armbinde of=
fen entgegentritt – dieses Zeichen gibt unzweifelhaft Heimatgefühl
und katholisches Selbstbewusstsein. Es ist m.E. bedenklich und stark
verwirrend, daß auf einem neuen Plakat am Bremer Bahnhof die Evangeli=
sche Bahnhofsmission die Bezeichnung "evangelisch" fortgelassen hat
und unter dem evangelischen Zeichen des rosa Kreuzes auch das katholi=
sche Heim bringt unter der Überschrift "Bremer Bahnhofsmission". Das
ist der Weg zu einer Interkonfessionalisierung wie in Leipzig, wo wir
jetzt auf größte Schwierigkeiten stoßen. Schließlich ist auch mit der
sehr loyal eingestellten Persönlichkeit des evgl.Herrn Pastors Heyne
nicht für ewige Zeiten zu rechnen !

»Ich sehe wie Sie, den augenblicklichen Zeitpunkt als äus-
serst ungünstig an. Auch hier hat die NSV*, die noch im vorigen Jahre unsere Dienste in Anspruch nahm, ihren eigenen
Dienst eingerichtet. Sie hat allerdings noch keine ständige
Vertreterin auf dem Bahnhof. Jedoch schliesse ich aus gele-
gentlichen Bemerkungen massgebender Bahnbeamter, dass

* NSV = Nationalsozialistische Volkswohlfahrt

die Frage des Raumes wohl schon einmal zur Sprache gekommen ist. Die Raumverhältnisse auf dem hiesigen Bahnhof sind katastrophal. Wir haben bereits in den vorigen Jahren der Polizei zweimal weichen müssen deswegen. Zur Ge-
samtbeurteilung der Lage ist auch wichtig die Tatsache, dass
nach der Neuordnung der offenen Jugendhilfe in Bremen mit
einer Zuweisung der Jugendlichen nach konfessionellen Gesichtspunkten nicht mehr zu rechnen ist, darin sind sich Behörde und NSV einig.

Unter diesen Umständen würde das plötzliche Auftauchen
einer katholischen Bahnhofsmissionarin, das der Armbinde
wegen ja nicht verborgen bleibt, auf dem Bahnhof erhebli-
ches Aufsehen erregen. Und das Stichwort ›Konfessionali-
sierung der Bahnhofsmission‹ braucht in heutiger Zeit nur zu
fallen, um hier den Entschluss reifen zu lassen, in der zweit-
grössten Hafenstadt Deutschlands die Arbeit auf dem Bahnhof künftig durch die NSV durchzuführen. Das ist es, was ich
um so mehr befürchte, als die konfessionell ausgerichtete
Fürsorgearbeit hier in Bremen mit seiner weit verzweigten hu-
manitären Fürsorgearbeit von jeher keinen günstigen Boden
hatte, sodass wir z.B. bewusst an dem alten Namen ›Bremer
Bahnhofsmission E.V.‹ festgehalten haben.«[93]

Dies und das weitere Argument Pastor Heynes, wonach
eine Beteiligung der Katholiken an der Bremer Bahnhofsmission gegenwärtig überhaupt nur denkbar wäre, wenn diese
nach außen nicht in Erscheinung treten würde und die katholische Seite dann also lediglich zur Finanzierung der Bahnhofsmission beitrüge, überzeugten endgültig. Nach neunjäh-
rigem Bemühen um die Errichtung einer katholischen Bahnhofsmission war das Vorhaben durch endgültigen Verzicht
des Nationalverbandes am 19. April 1937 gescheitert. »Man
braucht nicht nach den Ursachen zu suchen, aber jedenfalls
ist die Tatsache sehr bedauerlich,« hatte es schon in einem
Schreiben vom 1.4.1937 geheißen.

Bedrängnis und Verbot der Bahnhofsmissionsarbeit in Deutschland (1933–1939)

Von der Machtübernahme der Nationalsozialisten schienen die Bahnhofsmissionen zunächst wenig betroffen. Ihre Zentralen sahen, was die eigene Existenz anging, der neuen Zeit nicht gerade enthusiastisch entgegen, aber doch mit gemäßigtem Optimismus. Von den neuen Machthabern war den konfessionellen Wohlfahrtsverbänden immerhin zugestanden worden, weiterhin tätig sein zu können, wenn auch – wie der Leiter des Hauptamtes für Volkswohlfahrt, **Erich Hilgenfeldt**, bereits im Herbst 1933 verkünden ließ, den karitativen Organisationen der Kirche die Aufgabe zugewiesen werden solle, »sich jenen Kranken zu widmen, denen wir nicht mehr helfen können.«[95]

Dieses war, wie die Geschichte der kirchlichen Wohlfahrtsverbände im Nationalsozialismus im Rückblick zeigt, durchaus eine sehr verhängnisvolle Formulierung, da »jene Kranken« schon sehr bald zu »Asozialen« abqualifiziert wurden, die der Hilfe des NS-Staates nicht ›würdig‹ waren und vielfach auch des Lebens nicht. Für die Bahnhofsmission war dieser Arbeitsauftrag zunächst jedoch hilfreich. So konnte 1934, als es die ersten Versuche von lokalen NS-Frauenorganisationen gab, der evangelischen und katholischen Bahnhofsmission Konkurrenz zu machen[96], von der Geschäftsführerin des Reichsverbandes, Theodora Reineck, die von Hilgenfeldt angekündigte ›Arbeitsteilung‹ gegen diesen Versuch ins Feld geschickt werden. Sie schrieb:

»Es empfiehlt sich wohl darauf hinzuweisen, daß unsere Arbeit augenblicklich in ihrem Dienst als Jugendschutz viel schwierige Gefährdetenfürsorge zu leisten hat, die grosse Mühe und Sachkenntnis verlangt ohne zahlenmäßig auffallende Ergebnisse zu zeitigen. (...) Die Vorstellung, dass die Bahnhofsmission sich als eine besonders günstige Verbindung zu den Massen des Volkes eignet, ist irrig. Sie ist eine unumstritten wichtige Arbeit an den heimatlosen Ortsfrem-

Hilgenfeldt, Erich (1897–1945). Hilgenfeldt hatte seit seinem Eintritt in die NSDAP 1929 verschiedene Positionen in der Partei innegehabt und war im März 1933 zum Gauinspekteur des NSDAP-Gaus Groß-Berlin aufgestiegen. Im Oktober 1933 wurde er Leiter des Amtes für Volkswohlfahrt bei der obersten Leitung der Politischen Organisation der NSDAP, 1934 zusätzlich Hauptamtsleiter der NSDAP. Hilgenfeldt war für die NS-Wohlfahrtspflege die bedeutendste Person.[94]

den aller Art, aber nicht geeignet zur Propaganda namentlich von Gruppen, die ihre Hauptkraft in erster Linie der so
wichtigen Erhaltung und Förderung der gesunden Volksglie-
der widmen wollen.«[97] Und hinzugefügt hatte sie: »Bei ge-
schickter Verhandlung scheint es mir möglich, unter den genannten Gesichtspunkten zu verhindern, dass hilfsbereite
Menschen in unseren Dienst kommen, die aber von Grund-
sätzen ausgehen, die unserer Bahnhofsmission wesensfremd
und damit schädlich sind.«

Das Schreiben zeigt nicht nur, daß sich die Berliner Zentrale schon relativ früh der Gefährdung ihrer Arbeit bewußt
wurde, sondern auch, daß man noch darauf setzte, durch ge-
schicktes Taktieren seine bisherigen Position halten zu können. So wurden in den folgenden Jahren die Verhandlungen
mit dem »Hauptamt für Volkswohlfahrt« bewußt von Personen geführt, die mit dessen Leiter Hilgenfeldt einigermaßen
›konnten‹. Vor allem aber versuchte man, die sich anbahnenden Konflikte nicht eskalieren zu lassen. Einer dieser Konflikte war die allmähliche Herausdrängung der Jüdischen
Bahnhofshilfe. Ohne daß es ein offizielles Arbeitsverbot gegeben hätte, hatte dieser Prozeß auf örtlicher Ebene schon
bald nach der Machtübernahme eingesetzt. Mitte 1933 hatte es zudem einen kaschierten indirekten Angriff durch die
Reichsbahnleitung gegeben. Mit dem Argument, daß empör-
te Reisende die Plakate der Bahnhofsmissionen wegen des
aufgedruckten Namenszugs »Jüdischen Bahnhofshilfe« auf
ihnen zerstört hätten, hatte sie zunächst angeordnet, diesen
mit grauer Farbe unkenntlich zu machen, und dann die Interkonfessionelle Kommission aufgefordert, aus ordnungspoli-
tischen Gründen auf die Benennung der Jüdischen Bahnhofshilfe auf den Plakaten zu verzichten. Die Kommission
beugte sich, ohne dies mit einem Angriff auf die Jüdische
Bahnhofshilfe zu verbinden und ohne sich an ihrer Verdrän-
gung selbst zu beteiligen.[98]

Auch in einem anderen sich anbahnenden Konflikt war
man zum Kompromiß bereit. Wesentlicher Bestandteil nationalsozialistischer Kirchenpolitik war der Versuch, die zumeist regimetreue evangelische Bewegung der »Deutschen
Christen« unter Führung des Reichsbischofs Müller von ›Nazi-
Gnaden‹ zu stärken. Hierzu gehörte im Gegenzug die Verfolgung der innerkirchlichen Opposition, der »Bekennenden

Schreiben Theodora Reinecks an die Evangelischen Bahnhofsmissionen »betr. Entfernung des jüdischen Abzeichens von den Eisenbahnwagenplakaten« vom 14. November 1933.
Nachweis: ADW: CA/ Gf/ St 92

Reichsverband der   Nr.15   Berlin-Dahlem, den 14. November
Evangelischen Deutschen   Kaiserswerther Str.15
Bahnhofsmission.
                         An die
                              Evangelischen Bahnhofsmissionen.

Betr.: Entfernung des jüdischen Abzeichens
        von den Eisenbahnwagenplakaten
   und Betreuung von jüdischen Hilfsbedürftigen.

Die zunehmende Beschädigung des jüdischen Abzeichens auf den Eisenbahnwagenplakaten, die eine dauernde, Kosten verursachende Auswechslung
erfordert, hat die Hauptverwaltung der Deutschen Reichsbahn-Gesellschaft
veranlasst, die interkonfessionelle Kommission zu ersuchen, das Plakat
entsprechend abzuändern. Die Reichsleitungen der konfessionellen Verbände
haben diesem aus Zweckmässigkeitsgründen gestellten Antrag stattgegeben,
zumal nur noch in 2-3 Städten eine organisierte jüdische Bahnhofshilfe
besteht. Bei den noch vorrätigen Plakaten wird das jüdische Abzeichen mit
grau-grüner Lackfarbe überstrichen.

Diese Massnahme soll die Betreuung jüdischer Hilfsbedürftiger durch
ihre Organisationen nicht beeinträchtigen. Die konfessionellen Verbände
haben sich daher zur Vermittlung hilfsbedürftiger jüdischer Reisender
an die jüdischen Hilfsstellen bereit erklärt.

Auf Grund einer Abmachung mit dem Jüdischen Frauenbund erhalten unsere Vertrauensstellen demnächst von der jüdischen Hilfsstelle ihres Ortes
ein Verzeichnis der am Ort vorhandenen jüdischen Hilfsstellen; an Hand
desselben ist die Weiterleitung im gegebenen Fall vorzunehmen.

Zahl und Art der jüdischen Betreuungen sind so zu erfassen, dass uns
bei unserer Statistikanforderung Anfang des nächsten Jahres ein zahlen-
mässiger Überblick über diese Hilfeleistungen gegeben werden kann zur
Weiterleitung an den Jüdischen Frauenbund.

Bei gewissenhafter Handhabung dieser Massnahmen wird es ohne Schwierigkeit möglich sein unter Wahrung der sachlichen Erfordernisse den gestellten menschlichen Anforderungen gegenüber den in Not Geratenen jeder
Art gerecht zu werden.

                         Mit freundlicher Begrüssung

                    i.A.   Th Reineck

Kirche«, und ein Verhindern der sich anbahnenden ›Verbrü-
derung‹ zwischen ihr und den insgesamt Distanz zum NS-Re-
gime haltenden Katholiken.[99] Dieser Angst vor interkonfes-
sioneller Zusammenarbeit beugte sich die Kommission mit
der Umbenennung in »Konferenz für Kirchliche Bahnhofsmission« am 1. Juni 1934.

Die allmähliche finanzielle Einschnürung der Bahnhofsmission gefährdete ihren Fortbestand am stärksten. Vehikel
hierzu war das Sammlungswesen. Zugunsten des von den
Nationalsozialisten gegründeten Winterhilfswerks wurden
per Gesetz vom 3. Juli 1934 alle sonstigen Sammlungen

dem Grundsatz nach verboten. Ausnahmen waren nur mit ausdrücklicher Genehmigung des Stellvertreters des Führers zulässig. Wiederum gelang es der Bahnhofsmission – in diesem Fall mit Unterstützung der Reichsbahndirektion, die auf die Dienstleistungen der Bahnhofsmissionen angewiesen war –, solche Ausnahme-Genehmigungen zu erwirken.

Dennoch signalisierte der Umgang mit den Sammlungen das nahende Ende der Bahnhofsmission. 1936 wurde die bisherige Genehmigungspraxis, die eine zeitliche Staffelung der Sammlungen durch die Kirchen und kirchlichen Verbände vorsah, aufgekündigt und nur noch ein gemeinsamer Termin für zwei Junitage genehmigt. Ein Jahr später wurden die Verbände ganz auf das Winterhilfswerk verwiesen, die Genehmigung für Anteile an den Sammlungsergebnissen aber den örtlichen Organisationen übertragen. Somit wurden die Bahnhofsmissionen gezielt in die Abhängigkeit der lokalen NS-Organisationen gebracht und in der Konsequenz von fast allen finanziellen Zuwendungen abgeschnitten.

Um diese Zeit begann auch der aktive Verdrängungsprozeß der Bahnhofsmissionen. Er ging, mit Duldung Hilgenfeldts, von der örtlichen Ebene aus. Zunächst war es der Reichsparteitag der NSDAP in Nürnberg 1935, der den Machthabern die Errichtung eines NS-Bahnhofsdienst in dieser Stadt nahelegte. Ein Jahr später wurde der örtliche Bedarf nach Ergänzung der konfessionellen Bahnhofsmissionen bei größeren Bahntransporten, z.B. im Rahmen der Kinderlandverschickung*, ins Feld geführt, um eine Ergänzung durch NS-Organisationen zu legitimieren. Berichte über diese Einzelaktionen wurden ab 1937 systematisch in der Presse lanciert und damit das Klima für die Ausschaltung der konfessionellen Bahnhofsmissionen vorbereitet. 1937 wurden den ersten Bahnhofsmissionen offiziell die Genehmigungen entzogen und ihre Dienststellen einem NS-Bahnhofsdienst übergeben. Ein weiterer Schritt zum Verbot wurde die Anweisung, ab dem 1.1.1939 die Fürsorge für hilfesuchende Juden einzustellen. Das Ende der Bahnhofsmissionen wurde dem wichtigsten Verbindungsglied zwischen den konfessionellen Bahnhofsdiensten und dem Hauptamt für Volkswohlfahrt, Prälat **Dr. Kreutz**, am 3. Oktober 1938 mitgeteilt. In einer von ihm angefertigten Aktennotiz hieß es:

* Die »Kinderlandverschickung« war die NS-Nachfolgeorganisation einer in der Weimarer Republik gegründeten Organisation für Erholungsurlaube von Stadtkindern auf dem Land. Von Bedeutung wurde die Organisation vor allem ab 1940, als mit ihrer Hilfe ganze Schulen evakuiert wurden.

Kreutz, Benedikt (1879–1949); Priester. 1921 bis 1949 Präsident des Deutschen Caritasverbandes.

Ein Junge begrüßt eine
Bahnhofsmissionarin mit
dem »deutschen Gruß«.
Die Plazierung dieses
Bildes im 49. Rundschrei-
ben der Evangelischen
Bahnhofsmission im Juni
1937 dürfte der Demon-
stration von ›Zuverlässig-
keit‹ gedient haben.
Nachweis: Die Ev.
Bahnhofsmission. 49.
Rundschreiben, Juni 1937

»Betr. Bahnhofsmission. Vertraulich teilte mir Herr Hilgenfeldt mit, dass eine ganz neue Situation eingetreten sei. Der
Krieg von heute spiele sich nicht mehr an der Front und in
der Etappe ab, sondern treffe die ganze Heimat. Deshalb
sei ihm vom Führer der Auftrag (erteilt) worden, an allen gros-
sen Transitstellen einen NS-Bahnhofsdienst einzurichten, von
denen er hoffe, dass er sie in vielen Jahren nicht gebrauchen
werde. Aber sie müßten da sein und sofort eingesetzt werden
können, wenn es notwendig würde wegen der Flüchtlinge und
der Krankentransporte auch in der Heimat. Es sei hier ein
Analogon angeordnet wie etwa beim Bau von Luftschutzkel-
lern, die eben da sein müssten, auch wenn jahrelang keine
Bomben fallen. Hier läge eine Kriegsauflage vor, die weit
über den Rahmen wohlfahrtspflegerischer Arbeit hinausge-
he und der er sich nicht entziehen könne. Auf meine Frage,
ob dadurch die kirchliche Wohlfahrtsarbeit zurückgedrängt
werde, gab er die Antwort: diese bleibe wie bisher, da sie ja
neben der materiellen Hilfe auch eine innere Zielsetzung
hat.«[100]

Den ›Rest‹ besorgte der Stellvertreter des »Führers«, Rudolf Hess. Er hatte der Reichsbahn Mitte Februar 1939 angekündigt, daß er die konfessionellen Bahnhofsdienste verbieten und stattdessen flächendeckend NS-Bahnhofsdienste einzurichten gedenke. Letzte Einspruchsversuche des Vorsitzenden der Fuldaer Bischofskonferenz, Kardinal Bertrams, sowie des Leiters des Central-Ausschusses für Innere Mission, des Bremer Pastors Constantin Frick, beim Reichsminister Hess und beim Leiter des Hauptamtes für Volkswohlfahrt scheiterten. Angesichts des längst von den Nationalsozialisten beschlossenen Eroberungskrieges konnte auf so eine ›Kleinigkeit‹ wie eine Bahnhofsmission keine Rücksicht mehr genommen werden. Am 18. Januar 1940 fand die Hauptversammlung zur Auflösung des Reichsverbandes der Deutschen Evangelischen Bahnhofsmission statt. Wie die Katholiken, die angesichts ihres Organistionsgrades nicht mit einem solchen Schritt reagieren mußten, versuchte man in den folgenden sechs Jahren in neuen Organisationsformen zu überwintern.

Das Ende der Bahnhofsmission in Bremen

Wie das Schreiben des »Hauptamtsleiters Hilgenfeldt« an den Präsidenten des Caritasverbandes in Freiburg vom 15. Juni 1938 zeigt, fiel die Auflösung der Bremer Bahnhofsmission mit diesem Datum zeitlich zusammen.[101] Daß sich diese bereits im April 1937 mit der Errichtung einer eigenen Dienststelle des »NSV-Bahnhofsdienstes« angekündigt hatte, wurde im vorangegangenen Kapitel bereits mit den Worten Pastor Heynes geschildert, auch, daß er es zu diesem Zeitpunkt nicht aufgegeben hatte, dennoch auf ein Überleben zu hoffen. Fast wie Trotz erscheint es, daß für das Jahr 1937 noch einmal ein gedruckter Jahresbericht vorgelegt wurde.[102] Eingeleitet ist er mit den Worten:

»4884 Menschen haben im vergangenen Jahr unsere Hilfe begehrt. Gewiß angesichts der Millionenziffer des Reiseverkehrs in unserer Hafenstadt ist das eine geringe Zahl. Aber wenn man bedenkt, wieviel Sorge und Hilflosigkeit, ja Not und Elend sich hinter einer solchen Zahl verbergen kann, dann bekommt sie ein anderes Gewicht. Es ist den meisten Reisenden gar nicht bewußt, daß mit ihnen im Zuge oder neben ihnen auf dem Bahnsteig Menschen sich befinden, für die die Reise selbst Schwierigkeiten und Gefahren in sich birgt, deren Vorbeugung und Beseitigung ein ganzes Leben bestimmt.«

Trotz der forschen, aber wenig überzeugenden Formulierung – der Bericht signalisierte bereits die begonnene Entmachtung und die Vorsicht gegenüber den neuen Herren am Bahnhof. Von den großen fürsorgerischen Aufgaben der Inneren Mission, von dem Bemühen, Menschen und Seelen zu retten, ist nur noch wenig zu spüren. Stattdessen bietet sich die Bahnhofsmission als »Umsteigehilfe für alleinreisende Kinder, Blinde, Alte und Gebrechliche« an, für die »Betreuung der Kranken«, da die Sanitätswache am Hauptbahnhof vorübergehend aufgegeben worden war, und als Ausgabestelle für Fahrkarten an Leute, denen die Mittel zur Heimreise fehlen. Auch die verbliebenen fürsorgerischen Tätigkeiten werden eher als Hilfstätigkeiten denn als Tätigkeiten im eigenen Auftrag geschildert: Für »Landhelfertransporte, die teils aus dem Saarland kamen, nahm das Arbeitsamt unsere Hilfe in Anspruch«, und zwar für die Unterbringung des Gepäcks am Abend und deren Verladung am nächsten Morgen. Über die Ankunft der »ausländischen Kräfte, Tschechen und Polen«, die ins Land geholt wurden, »da in Deutschland ein Mangel an Landarbeitern herrscht«, ist das Arbeitsamt zu verständigen und ihnen ist – sofern die Zeit reicht – eine Tasse Kaffee zu reichen. Andere Aufgaben, die offenbar in den Jahren vorher noch eine größere Rolle spielten, haben sich zudem mehr oder weniger erledigt. »Entlaufende Landhelfer« treffen nur noch selten ein, da die Arbeitsämter jetzt eine sorgfältigere Auswahl unter den Bauern treffen und die jetzt bevorzugten jüngeren Kräfte, Schulentlassene, »sich besser einfügen.« Und auf dem Gebiet der »Wandererfürsorge« zeigt sich ebenfalls ein Rückgang, weil die Jugendlichen dank Unterbringung im Reichsarbeitsdienst und bei der Wehrmacht ausscheiden und auch die Erwachsenen jetzt »geregelte Arbeit erhalten (haben)«. Geblieben sind nur diejenigen, »die sich in einen geordneten Arbeitsprozeß nicht einfügen können«, deren Bitten um Schlafplätze und Essen man aber nur selten nachkommt, da »uns daran liegt, daß sie so bald wie möglich wieder in ihre Heimat zurückkehren, damit sie sich in Bremen nicht nutzlos aufhalten«. Aber immerhin, auf dem »Gebiet der Gefährdetenfürsorge konnten wir manche Gefahr abwenden«, indem wir auf alleinreisende junge Mädchen »oder solche, die durch fremde ›Herrenbegleitung‹ auffallen, achteten«.

Auch was über die Arbeitsbedingungen gesagt wird, ist nicht eben optimistisch. Zwar ist die Zusammenarbeit mit den »Behörden, den Fürsorgeämtern, privaten Wohlfahrtsstellen und den Dienststellen auf dem Bahnhof selbst eine gute«, aber zum wichtigsten Kooperationspartner wurde die Fürsorgestelle der Inneren Mission, eine schon 1926 eingerichtete Abteilung des Vereins für die Betreuung hilfsbedürftiger Frauen und Männer. Nicht erfüllt hatte sich die Hoffnung auf einen besseren Aufenthaltsraum auf dem Bahnhof, so daß »unsere Schützlinge oft im Regen auf dem nicht überdachten Teil des Bahnhofs warten müssen.«

Vor allem bereitete die Finanzlage schwere Sorge: »Es ist nicht leicht, eine ganz auf freiwillige Gaben aufgebaute Ar-

Nationalsozialistische Deutsche Arbeiterpartei

Reichsleitung

NSDAP. Reichsleitung
Hauptamt für Volkswohlfahrt
Fernspr.: 62 30 01 u. 62 30 11 Sammel-Nr.

Postscheckkonto: Berlin: Nr. 307 68 NS-Volkswohlfahrt Reichsverwaltung
Bankkonto: Bank der Deutschen Arbeit A.-G., Berlin, Konto Nr. 6705 NS-Volkswohlfahrt Reichsverwaltung

Berlin SO 36, den 15. Juni 1938
Maybachufer 48—51

Aktenzeichen: H I/7 Wg/Zo.
Bei Beantwortung unbedingt anzugeben.

Amt für Wohlfahrtspflege
und Jugendhilfe

Herrn
Prälat Dr. K r e u t z ,
F r e i b u r g i/Br.

Werthmannhaus

Betr: Errichtung eines NSV – Bahnhofsdienstes
in Bremen und Osnabrück.

Hauptamtsleiter H i l g e n f e l d t hat sich
mit der Errichtung eines Bahnhofsdienstes in
Bremen und Osnabrück einverstanden erklärt.
Die Genehmigung ist entsprechend der mit Ihnen
getroffenen Vereinbarung im Hinblick auf die
dort vorhandenen besonderen politischen und
verkehrstechnischen Verhältnisse erteilt worden.

Heil Hitler !

vidi 20. VI. 38

Amtsleiter.

Höflichkeitsformeln fallen bei parteiamtlichen Schreiben fort.

Der ›Befehl‹ zur Schlie-
ßung der Bahnhofsmissio-
nen Bremen und
Osnabrück
Nachweis: ADCV: 281.3,
Fasz. 2.

beit in dieser Zeit stärkster Sammelbeschränkung aufrecht zu erhalten. Wir danken für alle uns zuteil gewordene Hilfe und wünschen uns, daß der Kreis, der sich hilfsbereit hinter unsere Arbeit stellt, sich erweitern möge. Die uns anvertraute Arbeit, die jetzt bald in das fünfte Jahrzehnt ihres Bestehens tritt, wollen wir auch im neuen Arbeitsjahr weitertun im großen Gesamtrahmen evangelisch-kirchlicher Liebestätigkeit zum

Besten aller Hilfsbedürftigen, die sich auf der Reise befinden.«

Das letzte, was man aus diesem Bericht erfährt, ist, daß »Fräulein Pfankuch« die neue Berufsarbeiterin am Bahnhof ist und sogar noch zu einem längeren Schulungskurs nach Berlin geschickt wurde. Im Jahresbericht für 1939 des Vereins für Innere Mission heißt es dann: »Durch den Übergang der Arbeit der Bahnhofsmission an die NSV wurde die dortige Berufsarbeiterin Fräulein Gertrud Pfankuch frei und übernahm die Fürsorgestelle sowie die Mitarbeit in der Auswanderermission.«[103] Dies war im Jahre ihres 41jährigen Bestehens der 1. Juli 1939.[104] Die Bremer Bahnhofsmission hatte dem »NSV-Bahnhofsdienst Bremen« den Platz räumen müssen.

Zwischenspiel (1939–1945)

Der NSV-Bahnhofsdienst in Bremen

Als die letzte konfessionelle Bahnhofsmission 1939 aufgelöst wurde, gab es im Deutschen Reich bereits 80 NSV-Bahn-
hofsdienste. Die militär- und kriegspolitischen Ziele der neu-
en NSV-Unterorganisation bestätigten sich schon bald, den
die Bahnhofsdienste wurden zunehmend den »besonderen
Kriegsaufgaben der NSV« zugerechnet. Zu ihrer Hauptakti-
vität wurde die Betreuung von Flüchtlingstransporten, durchreisenden Soldaten und Kindertransporten. Da es sich häufig um Massentransporte handelte, reichten die Kräfte der
NSV meist nicht aus. Sie wurden vor allem von DRK-Helferin-
nen und DRK-Schwestern unterstützt, die oft auch eigene Er-
ste-Hilfe-Stationen unterhielten. Andere NS-Organisationen
wie NS-Frauendienst und Hitlerjugend kamen hinzu.[105]
   Über den NSV-Bahnhofsdienst in Bremen ist wenig bekannt. Eine erste Erwähnung fand er am 2.12.1938 in einem
Artikel der nationalsozialistischen »Bremer Zeitung«, in dem
über Umbaupläne für den Hauptbahnhof berichtet wurde.[106]
Auf dem zukünftigen »Bahnsteig 0«, heißt es hier, beabsichti-
ge die NSV »im Anschluß an das Gebäude des Lloyd-Warte-
saals auf eigene Rechnung ein eigenes Gebäude zu errich-
ten (...). Es soll Aufenthaltsräume für die dort beschäftigten
NSV-Helfer und für zu betreuende Durchreisende erhalten.«
Hierzu ist es nicht gekommen. Schon bald nach der offiziellen Eröffnung am 1. Juli 1939[107] erhielt der Bahnhofsdienst
das 140 qm große sog. Fürstenzimmer im 1. Stock des Emp-
fangsgebäudes und damit – einem zusätzlich mit Sanitäran-
lagen ausgestattet – einen Raum, von dem die frühere Bahnhofsmission nur hätte ›träumen können‹. Ausgestattet war der
Raum mit 15 Betten, Kinderbetten und Säuglingskörben.
Zusätzlich verfügte der Bahnhofsdienst zu diesem Zeitpunkt
über einen Schlafraum mit 20 Betten im Kreisamtssitzungssaal in der Papenstraße, ferner über diverse Privatquartiere
in Bahnhofsnähe. Zu den Aufgaben des Bahnhofsdienstes
heißt es im September 1939, die »Beförderung unserer zum
Ehrendienst an Volk und Vaterland einberufenen Feldgrau-

Bremer Zeitung

Parteiamtliche Tageszeitung   der Nationalsozialisten Bremens

Das Amtsblatt des Regierenden Bürgermeisters der freien hansestadt Bremen   Amtliches Verkündungsblatt des Reichsstatthalters in Oldenburg und Bremen

Nr. 245 / 9. Jahrgang   Mittwoch, 6. September 1939   Einzelpreis 15 Rpf.

en« stehe obenan. Betreut wurden aber auch alleinreisende Frauen mit ihren Kindern; »kameradschaftliche Unterstützung« fanden darüber hinaus auch sonstige Reisende aller Art. Neben der Vermittlung von Nachtquartieren wurde »Dank der impulsiv von einsatzbereiten Volksgenossen gespendeten Lebensmittelgaben« in Notfällen auch »gut und reichlich« Verpflegung gereicht. Für Fälle eines Fliegeralarms war man durch im Verwaltungszimmer aufbewahrte Gasmasken »auf's Beste geschützt.« Neben einer nicht genannten Zahl von NSV-Bediensteten arbeiteten Freiwillige der NS-Frauenschaft und der Hitlerjugend mit; letztere wurden vor allem zum Koffertragen und für andere kleine Hilfsdienste eingesetzt.[108] Finanziert wurde die Arbeit – neben Spenden – durch Zuschüsse der Stadt Bremen.[109] Als Abzeichen diente dem Bahnhofsdienst eine weiße Armbinde und eine weiße Plakette mit dem Runenzeichen der NSV in roter Ausführung und dem Text »NS-Bahnhofsdienst«.

Die »Feldgrauen« wurden dem NSV-Bahnhofsdienst schon bald wieder genommen. Ein wenn auch nationalsozialistischer, so doch auch wohlfahrtspflegerischer Dienst scheint sich für die ›großen‹ politischen Aufgaben wieder nicht geeignet zu haben. Bereits im Dezember 1939 kam es zu einer ziemlich exakten Kopie dessen, was im Ersten Weltkrieg geschehen war. Das Deutsche Rote Kreuz – diesmal allerdings nicht im Verständnis einer Dachorganisation für die gesamte bremische Wohlfahrtspflege, sondern als eine vom »Führer« hofierte kriegswichtige Organisation – übernahm fortan die Betreuung der »Lazarettzüge« und durchreisender Wehrmachtsangehöriger. Wiederum war der Dienst – soweit es sich nicht um den Abtransport Verletzter mit hierfür eigens

- Spendentag! -

Seid anständig – und dankbar!

Ab 1940 wurde dem DRK eine eigene Sammlung zugunsten Wehrmachtsangehöriger und der Versorgung der Lazarettzüge genehmigt. Nachweis: Bremer Nachrichten vom 1. Juni 1940

Unser NSV.-Bahnhofsdienst

Tag und Nacht auf dem Hauptbahnhof zur Stelle — Kameradendienst Durchreisende

In diesen Tagen sieht unser Bremer Hauptbahnhof als größter Durchgangsbahnhof unseres Nordseegaues täglich und stündlich einen Zug- und Menschenverkehr durch seine Hallen fluten, wie man ihn zu gewöhnlichen Zeiten kaum in den Hauptreisemonaten erlebt. Die Beförderung unserer, zum Ehrendienst an Volk und Vaterland einberufenen Feldgrauen steht dabei obenan, und die Zivilreisenden müssen bei der Vordringlichkeit dieser Transporte manchen Aufenthalt mit in Kauf nehmen, der durch die notwendigen Zugverschiebungen bedingt ist. Viele Frauen mit Kindern befinden sich unter diesen Reisenden, Ehefrauen, deren Männer einberufen wurden und die nun zu ihnen nächsten Verwandten reisen. Familien, die aus gefährdeten Zonen in andere Orte gebracht werden, und manche andere, nicht allzu reisekundig, oft die Beschwernisse einer mehrfach zu unterbrechenden Reise auf sich nehmen müssen.

Ihnen allen wird durch die Bereitschaftsdienste, die die N.S.-Volkswohlfahrt wie auf fast allen deutschen Bahnhöfen auch im Bremer Hauptbahnhof eingerichtet hat, sofortige und tatkräftigste Unterstützung und Beratung.

Bei einem Besuch in den Räumen unseres NSV.-Bahnhofsdienstes gewinnt man einen eindrucksvollen Einblick in das bis ins kleinste wohlorganisierte Werk der ständigen Bereitschaft zum Helferdienst am Volksgenossen.

Man hat hier im Lloydbahnhof neben dem Verwaltungszimmer mit Telefon und Rundfunk sowie dem mit vorbildlichen sanitären Anlagen ausgestatteten Waschraum neuerdings das sogenannte „Fürstenzimmer" zur Verfügung gestellt bekommen und diesen großen Raum als Lager mit 15 Betten, Kinderbetten und Säuglingskörben eingerichtet. Ein gleiches Lager, das 20 Betten umfasst, befindet sich jetzt auch im Kreisamtssitzungssaal Papenstraße. Außerdem wurden von der NS-Frauenschaft und den Ortsgruppen der NSDAP zahlreiche Privatquartiere in Bahnhofsnähe zur Verfügung gestellt.

So gibt es also für die reisenden Frauen und deren Kinder durch den Einsatz der NSV. und ihrer Helfer in allen notwendigen Fällen ein gutes Nachtquartier entweder im kameradschaftlich aufnehmenden Familienkreis oder in den beiden praktischen Schlafräumen der NSV.

Neben dieser Aufgabe der prompten Unterbringung solcher Reisenden, die länger auf einen Zuganschluss warten müssen, erfüllt der NSV.-Bahnhofsdienst mit seinen ehrenamtlichen Helfern und Helferinnen die nicht weniger wichtige Aufgabe der Verpflegung der Durchreisenden. Dank der impulsiv von einsatzbereiten Volksgenossen gespendeten Lebensmittelgaben kann auch hier in allen Notfällen gut und reichlich geholfen werden.

Wir wurden bei unserem Besuch gleich Zeuge des schnellen und wirksamen Hilfsdienstes, den die NSV. mit ihrem Bahnhofsdienst ausübt. Eine Helferin der NS-Frauenschaft meldete, dass sich im Wartesaal eine Mutter mit zwei kleinen Kindern befände, die anscheinend des kameradschaftlichen Beistandes bedürfe. Sofort begab man sich zu ihr, vermittelte ihr und den Kindern durch einen telefonischen Anruf ein gutes Privatquartier, und mit sichtlicher Erleichterung über so kameradschaftliche Unterstützung in der fremden Stadt machten sich kurz darauf Helferin, Mutter und Kinder auf den Weg nach dem „Zuhause" für eine Nacht.

Es sei nicht vergessen, hier auch den kameradschaftlichen Einsatz der Hitler-Jugend zu erwähnen, deren Mitglieder in den Räumen des NSV.-Bahnhofsdienstes stets bereit stehen, um Wege und Besorgungen zu machen, den Koffertransport zu übernehmen oder andere willkommene Hilfsdienste zu leisten. Natürlich gewährt die NSV. mit ihrem Bahnhofsdienst nicht nur die materielle Tathilfe, sondern auch zuverlässige Beratung in allen Reise- und sonstigen Fragen, die die Reisenden stellen. Für die Vollständigkeit der Einrichtung dieses Dienstes zeugen nicht nur die vorsorglich bereitgehaltenen Bedarfsgegenstände wie Wäsche, besonders Kinder- und Säuglingswäsche, sondern auch das Vorhandensein von Gasmasken im Verwaltungszimmer, so dass man im Falle eines Fliegeralarms auch in dieser Hinsicht aufs beste geschützt ist.

So steht auch im NSV.-Bahnhofsdienst die heute überall bekannte NSV.-Rune über einem Einsatzwerk, an das sich die Volksgenossen voller Vertrauen wenden und das in seiner praktischen Tätigkeit alle Vorzüge des sprichwörtlich gut und schnell funktionierenden NSV.-Apparates unter Beweis stellt.

---

hergerichteten Straßenbahnzügen handelte – in einer Lloyd-Halle am Bahnhof eingerichtet und wiederum wurde Verpflegung, diesmal Eintöpfe (»täglich mit 20 Pfund Fleisch«), die von der NS-Frauenschaft eigens für die Wehrmachtsverpflegung zubereitet wurden, gereicht und wiederum wurden Zehntausende von Arbeitsstunden ehrenamtlich geleistet. Das DRK unterhielt zudem auf dem Hauptbahnhof eine zivile Sanitätswache, in der auch ›normale‹ Reisende betreut wurden.[110] Für den NS-Bahnhofsdienst blieben insbesondere die Flüchtlinge, wiederum vor allem Frauen und Mädchen, sowie die Transporte der Kinder-Landverschickung. Im ersten Kriegsjahr, heißt es, wurden »tagein tagaus durchschnittlich über 100 Personen, überwiegend Frauen und Kinder«, betreut.[111]

Aus der nationalsozialistischen Bremer Zeitung, Nr. 245 vom 6. September 1939. Nachweis: StuB Bremen

Die Unterstützung von Reisenden
im Verein für Innere Mission

Obgleich vom Bahnhof verdrängt, hatten der Verein für Innere Mission und seine Einrichtungen nicht jeden Kontakt zu Durchreisenden verloren. So fanden manchmal Reisende weiterhin in das Marthasheim oder in das Frauenheim der Inneren Mission in der Hansastraße.[112] Nur vereinzelt gab es unmittelbare Zuweisungen des NSV-Bahnhofsdienstes an Dienststellen des Vereins für Innere Mission.[113] Wichtiger war, daß sich vor allem Zugereiste, die in Bremen Arbeit suchten, relativ häufig unmittelbar an die Fürsorgedienste des Vereins wandten:

»Zugereiste, ohne Mittel, hier in feste Arbeit vermittelt, bitten um Verpflegung und eine Nacht Unterkunft, bis sie sich nach eintägiger Arbeit Vorschuss geben lassen können. Die Fürsorgestelle der Inneren Mission nahm sich aller Hilfsbedürftigen, die die Stelle aufsuchten, an. Es gab eine Kleiderkammer, kleine geldliche Zuwendungen, Fahrkarten, ›Ratschläge‹.«[114]

Ein weiterer Schwerpunkt der Arbeit blieb die Fürsorge für »Gefährdete aus dem Hausangestelltenberuf«, die Sorge um ›zugezogene‹ sowie ›sittlich gefährdete‹ Mädchen. An dieser Arbeit war nicht nur der »Fürsorgedienst für Frauen und Mädchen« beteiligt, sondern – mit zunehmender Bedeutung – auch das 1939 bereits zwanzig Jahre alte »Kränzchen für berufstätige junge Mädchen«. Seine Sorge galt vor allem den »sich selbst überlassenen jungen Mädchen« in der »Einsamkeit in der fremden Großstadt«.[115] Auch diese Arbeit wurde nach Kriegsausbruch freilich schwerer, da dem Kränzchen die Anschriften der neu hinzugezogenen jungen Mädchen nicht mehr übermittelt wurden und man auf mühselige, individuelle Erkundungen angewiesen war. Das »Kränzchen«, das im Haus Am Dobben 112 seinen Sitz hatte und sich im letzten Jahr seines Bestehens zu einer regulären Beratungsstelle für Mädchen und junge Frauen entwickelt hatte, mußte 1941 seine Arbeit ganz aufgeben. Wegen hoher Steuerforderungen des Staates an den Verein für Innere Mission mußte das Haus an die NSV verpachtet werden, die hier einen Kindergarten einrichtete.[116] [117]

```
                    Jahresbericht des Ev. Fürsorgedienstes 1939.

   Gesamtzahl der Betreuten:   344 ( darunter 97 vom Vorjahr).
                                 8  z.Zt. im Marthasheim
                               ─────
                               352

   Alter:  unter 14 Jhrn.        5
           14 - 18 Jhr.        170
           18 - 21 Jhr.         84
           über 21 Jhr.         93

   Unter ihnen nach Berufsgruppen 146 Hausangestellte,  58 Arbeiterinnen.

   Die 247 Neumeldungen erfolgten durch:

   behördliche Stellen:         98
   konfess. Stellen             20
   N.S.V.                       38
   Bahnhofsdienst                1
   Hautklinik                   31
   andere Stellen                5
   selbst gemeldet              37
   durch Angehör. od.Vormund    12
   eigene Feststellung           5

 ● Am 1.1.40:  125  ( nicht eingerechnet die z.Zt. in Heimen untergebrachten
   Schützlinge, die laufend betreut werden.

   Hilfsmassnahmen:

   1.) Dauernde Betreuung:                   133
   2.)   vorübergeh.  "  :                   219
   3.) Abgabe an andere Stellen:              39
   4.) Rückführung zu Angehörigen:            18
   5.) Unterbringung im Marthasheim:          96
   6.) Unterbringung in andere Heime          37
   7.) Unterbringung in Krankenhaus:           8
   8.)       "          " Entbindungsanstalt:  4
   9.)       "          " Heil- u.Pflegeanstalt: 1.


   Hausbesuche:  413  (davon auswärtige: 12, in auswärt. Heimen: 11)
   Besuche in Krankenhäusern: 146 (davon in der Hautklinik: 131)
   Untersuchungsgefängnis:      1
 ● Abholungen u. Begleitungen: 351 (davon auswärtige 19)
   Ermittlungen:              163
   Verschiedene Wege:         192.

   Briefeingänge:             775
   Briefausgänge:            1202

                    -----------
```

Aus dem Jahresbericht 1939 des Ev. Fürsorgedienstes, einer Abteilung des Vereins für Innere Mission.
Nachweis: VfIM Bremen

Bereits ein Jahr zuvor, war der für die Entstehung der Bahnhofsmission so wichtige »Nationalverein der Freundinnen junger Mädchen« durch ein Verbot der Gestapo aufgelöst worden. In Bremen hatten die »Freundinnen« seit den 20er Jahren über ein eigenes kleines Heim für durchreisende Mädchen und Frauen verfügt und es allmählich zu einem Heim für 20–25 berufstätige junge Frauen ausgebaut. Einer Satzungsklausel gemäß und weil das Verbot keine Vermögensbeschlagnahmung vorgesehen hatte, fiel das Haus an den Verein für Innere Mission. Es wurde 1944, wie auch drei Vereinshäuser des Vereins für Innere Mission und weitere vier Heime, darunter auch das Marthasheim, ein Opfer von Bomben und Flammen.

Die Bahnhofsmission in den ersten Nachkriegsjahren

Überregional

Wie so häufig in Notzeiten waren die Bahnhöfe gleich nach Kriegsende und Kapitulation zu besonderen sozialen Brennpunkten geworden. Schon lange bevor die obersten Leitungsgremien der evangelischen und katholischen Bahnhofsmission ihre Arbeit wieder aufnehmen konnten, entwickelten sich überall örtliche Initiativen zur Wiederaufnahme der Bahnhofsarbeit. Sie gingen von Kommunen, von Kirchengemeinden, von den sich neu organisierenden Wohlfahrtsverbänden oder auch Einzelpersönlichkeiten aus. Erschwert durch die Teilung Deutschlands in vier Besatzungszonen, die besondere Situation Berlins und der SBZ, aber auch vor dem Hintergrund interner Rivalitäten bei den früheren Repräsentantinnen und Repräsentanten der Deutschen Evangelischen Bahnhofsmission, zogen sich hier die Wiederaufbauarbeiten für eine zentrale Geschäftsstelle hin. Zunächst unter der Bezeichnung »Evangelische Bahnhofsmission für die Westzonen«, später unter dem Namen »Reichsverband der Evangelischen Deutschen Bahnhofsmission«*, wurde sie 1947 für die drei westlichen Zonen in Hannover neu errichtet. Anders als vor dem Krieg stand sie – trotz ihrer Eigenständigkeit als Verband – von vornherein in enger Beziehung zum Centralausschuß für Innere Mission, der zu diesem Zeitpunkt unter Leitung von Pastor Constantin Frick seinen Sitz in Bremen hatte.[118]

Die katholische Bahnhofsmission blieb wie vor ihrem Verbot ein Teil der Mädchenschutzarbeit, so daß es keiner eigentlichen Neugründung bedurfte. Unter der Bezeichnung »Katholische Deutsche Bahnhofsmission« wurde sie zum Fachverband der Zentrale des Caritasverbandes in Freiburg und stand auch auf örtlicher Ebene zumeist in engem Kontakt zu dem Verband. Eine Jüdische Bahnhofsmission konnte nicht neu entstehen; der Faschismus hatte durch seine Vernichtungspolitik auch ihr den Boden entzogen. Bereits vor der Re-

Seit 1964 unter dem Namen »Verband der Deutschen Evangelischen Bahnhofsmission«

Organisatorische und fachliche Zuordnung
der Bahnhofsmissionen seit 1945

organision der Bahnhofsmissionsverbände hatte sich – im Oktober 1946 – die Konferenz für Kirchliche Bahnhofsmission neu gebildet und unverzüglich mit Wiederaufbauarbeiten begonnen.

Der Wiederaufbau der örtlichen kirchlichen Bahnhofsmissionen vollzog sich dann sehr rasch, wobei evangelische und katholische Bahnhofsmissionen zumeist eng zusammenarbeiteten und die Dienste im Wechsel übernahmen, aber keine organisatorische Einheit bildeten. Die Notstände am Bahnhof hatten die Zahl der unterstützten Menschen gegenüber der Vorkriegszeit fast – so jedenfalls der Vorsitzende der Konferenz Kirchlicher Bahnhofsmissionen im Jahr 1949 – um das Zehnfache übertroffen. 1945 bis 1948 sollen 40 Millionen Hilfesuchende durch die Bahnhofsmissionen unterstützt worden sein[119], eingerechnet freilich die große Zahl der Flüchtlings-, Heimkehrer- und Kindertransporte. Mit den massenhaften Notständen war auch die Trennung in eine auf Frauen bezogene Bahnhofsmission und einen auf Männer bezogenen Bahnhofsdienst hinfällig geworden. Seit 1945 waren die Bahnhofsmissionen für alle da. Anfang der 50er Jahre wurde die Arbeit von 119 evangelischen und 86 katholischen Bahnhofsmissionen in den Westzonen geleistet, eine Zahl die bis zur deutsch-deutschen ›Wiedervereinigung‹ im Jahr 1990 relativ konstant blieb.

Eine Sonderentwicklung gab es innerhalb der sowjetischen Besatzungszone. Der Wiederaufbau wurde von Berlin aus gesteuert. Nach anfänglicher Duldung standen die neu entstandenen kirchlichen Bahnhofsmissionen sehr rasch in Konkurrenz zu der sozialistischen Neugründung »Volkssolidarität«. Seit 1953 unterlagen sie vielfältigen Schikanen und wurden 1956 nach Spionagevorwürfen und vorübergehender Inhaftierung von Mitarbeiterinnen völlig untersagt und auf Dauer verboten. Die Bahnhofsdienste wurden vom Roten Kreuz der DDR übernommen.

In Bremen

Für Bremen war der Krieg am 27. Mai 1945 mit der Besetzung durch englische Truppen zu Ende. Er hinterließ eine zerstörte Stadt und war begleitet von Notständen, die den »Steckrübenwinter« 1916 im Ersten Weltkrieg noch weit übertrafen. Halb Deutschland war auf den Beinen. Zurückkehrende Soldaten, Flüchtlingstrecks aus den Ostgebieten, unter ihnen auch elternlose, alleinreisende Kinder, ehemalige Fremdarbeiter, Jugendliche, auf der Suche nach einem Ort zum Leben und junge Frauen, die in den Hafenstädten ihr Glück oder die Chance zum Auswandern suchten, waren unterwegs. Der Bremer Hauptbahnhof wurde wieder einmal zu einem belebter Ort des Geschehens.

Bereits am 5. Juli 1945 hatte der Vorstand des Vereins für Innere Mission festgestellt: »Der wachsende Verkehr auf dem Bahnhof macht eine Wiederaufnahme der Bahnhofsmissionsarbeit notwendig. Dem Vorschlage des Rechnungsführers, die Arbeit zunächst seitens der Inneren Mission zu übernehmen und eine Berufsarbeiterin einzustellen, wurde zugestimmt. Es soll die Fürsorgerin, Fräulein Erika Poppe[120], als Berufsarbeiterin eingestellt werden. Die Einrichtung eines Übernachtungsheims für Mädchen sowie für Frauen und Kinder erscheint besonders dringlich. Es soll versucht werden, in den Bunkern oder auf dem Bahnhof geeignete Räumlichkeiten zu bekommen.«[121]

Nur elf Tage später gab es informell einen Neuanfang am Bahnhof, sechs Wochen später, am 16. August, den offiziellen. Der jungen Bahnhofsmissionarin Erika Poppe und ihren 40 ehrenamtlichen Helferinnen von der Ev. Frauenhilfe, aus verschiedenen Gemeinden und aus evangelischen Jugendgruppen, war ein kleiner Raum in der Bahnhofshalle zur Verfügung gestellt worden. Die Not am Bahnhof verlangte aber nach mehr; besonders dringlich waren Übernachtungsmöglichkeiten für die Tausenden Flüchtlinge, die u.a. in großen Trecks aus den Ostgebieten, der neuen »Ostzone«, in Bremen ankamen. Für einen Teil von ihnen wurden diese Möglichkeiten zwei Monate später im Bahnhofsbunker – er war im Krieg von den Nationalsozialisten errichtet worden – geschaffen. Er ermöglichte 180 Personen gegen ein Entgelt von 0,50 RM eine oder mehrere Übernachtungen, wobei es gelungen war, für ältere Frauen, Frauen mit Kindern, junge Mädchen und Jugendliche eigene Räumlichkeiten herzurichten.

Im September lebte in Osnabrück die 1937 notgedrungen aufgegebene Idee einer katholischen Bahnhofsmission

Im Inneren des Bremer Bahnhofsbunkers zum Zeitpunkt seiner Schließung 1955.
Nachweis: Pressefoto Lorisch-Achilles; Weser Kurier vom 3.9.1955

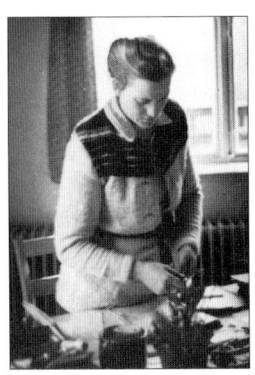

Agnes Schweers, die erste kath. Bahnhofsmissionarin in Bremen. Frau Schweers, Fürsorgerin und Seelsorgehelferin, bekleidete das Amt bis 1952.
Nachweis: Privatbesitz

wieder auf. Die Initiative ging erneut vom Katholischen Mädchenschutzbund aus und führte diesmal ohne größere Komplikationen direkt zur Einstellung einer ersten katholischen Bahnhofsmissionarin, Frau Schweers, zum 1.1.1946 auf dem Bremer Hauptbahnhof.[122] Von jetzt an teilten sich evangelische und katholische Bahnhofsmission die tägliche Arbeit und die Räumlichkeiten.

Mit dem Missionsraum freilich gab es Probleme. Da er für eine Bahnhofs-Dienststelle der amerikanischen Militärregierung benötigt wurde, mußte die Bahnhofsmission auf Gleis 1a bis zur Errichtung von zwei kleinen Holz- und Wellblechhütten, sog. Kanen, im November 1946 mit zwei winzigen Räumen ohne fließendes Wasser vorlieb nehmen. Von den Kanen, die überhaupt nur nach schwierigen Verhandlungen über eine Baulizenz errichtet werden konnten, diente die eine – ausgestattet mit Schreibtisch und 2 Stühlen, einem ›Bollerofen‹, der mit Kohlenspenden freundlicher Lokführer beheizt wurde, und einem Telefon als direkter Verbindung zur Bahnhofspolizei – als Büro, die andere als Notquartier mit zwei Betten. Glück dagegen hatte man mit dem Antrag auf Genehmigung zur Wiederaufnahme von Sammlungen im Bahnhof. Bereits im August 1946 konnte die erste Sammlung stattfinden,[123] und im Mai 1947 dann auch eine erste, von der evangelischen und katholischen Bahnhofsmission gemeinsam veranstaltete Aktion, mit einem Erlös von immerhin 5327 RM.[124] Um diese Zeit trafen auch erstmals, durch das Evangelische Hilfswerk zugeteilte, Lebensmittelspenden aus Amerika und anderen Ländern bei der Bahnhofsmission ein.[125] Aufgestockt durch Brotspenden umliegender Bäcker und einer Großbäckerei, ermöglichten sie eine bescheidene Beköstigung hungriger Reisender.

Die Statistiken der ersten Nachkriegsjahre verweisen auf einen großen Zulauf. 1946 waren es täglich 30 bis 40 »Betreuungsfälle« und 15–20 »besondere Fälle« – wirtschaftlicher, erzieherischer oder seelsorgerischer Art – die zu betreuen waren. Die Zahlen pendelten sich dann 1947 auf ca. 2500 Personen monatlich ein.[126] Über Einzelheiten aus der Arbeit dieser Zeit berichtet die damalige evangelische Bahnhofsmissionarin aus dem Rückblick[127]:

»Einen wichtigen Teil der Arbeit machte die Betreuung von Menschen aus, die aus dem Erzgebirge und anderen Regionen der ›Ostzone‹ nach langer mühseliger Reise und einem ›schwarzen‹ Grenzübertritt im Harz nach Bremen kamen, um hier oder in Bremerhaven Tauschgeschäfte zu machen; Knöpfe zum Beispiel aus dem elterlichen Laden gegen Räucherfisch aus Bremerhaven. Andere Gäste der Bahnhofsmission waren nach Bremen verschlagene Menschen, die nach Süddeutschland wollten. Vielen von ihnen halfen die Amerikaner* durch die Bewilligung von Gratisreisen.

Von großer Bedeutung waren ferner Stellen- und Wohnraumvermittlung für jugendliche Flüchtlinge und im Bunker untergebrachte alleinstehende Männer. Über private Kontakte ›angeschoben‹, später dann über Mund-zu-Mund-Propaganda erweitert, konnten diverse Jugendliche und Männer zu Bauern in das Blockland vermittelt werden, womit sie gleichzeitig die für eine Arbeitserlaubnis notwendige Wohngelegenheit nachweisen konnten.«

Wenngleich im Ganzen gesehen erfolgreich und befriedigend, bedeutete die Arbeit zugleich eine große Belastung für die Bahnhofsmissionarinnen. So heißt es in der Tagebucheintragung der jungen katholischen Praktikantin der Bahnhofsmission aus dem April 1947:

»Der Bahnhofsdienst bringt die Befriedigung, Menschen, die in Not sind, geholfen zu haben. – Das Elend auf dem Bahnhof ist unbeschreiblich. Ich muß mich immer abwen-

* Nachdem Bremen nach Kriegsende zunächst britische Besatzungszone war, wurden Bremen und Bremerhaven, insbesondere ihrer Häfen wegen, zur amerikanischen Enklave.

Behelfsmäßige Unterkünfte, sog. Kanen, für die Bremer Bahnhofsmission zwischen November 1946 und März 1949.
Nachweis: Privatbesitz

den, weil ich heulen muß! Die Soldaten, die aus russischer Kriegsgefangenschaft kommen, haben mit Menschen oftmals keine Ähnlichkeit mehr. Sie haben alle den gleichen Ausdruck in den Augen, so gierig und unruhig, wenn sie etwas Eßbares sehen! Mir fällt es so schwer, da noch den Adel des Menschen zu sehen oder gar noch von der Liebe und Liebe Gottes zu reden! – Aber ich wollte ja so etwas nicht mehr denken!!«[128]

Von besonderer Bedeutung für die Bahnhofsmissionarinnen und ihre Helferinnen und Helfer – katholische Helfer kamen überwiegend aus der Katholischen Jugend in St. Johann – wurde die Begegnung mit der je anderen Konfession. Ernsthafte Probleme gab es zwar nie, aber es waren anfangs doch einige Vorbehalte gegen die »Päpistinnen« auf der einen, und die »eigentlich Ungläubigen« auf der anderen Seite zu überwinden.[129] Später, um 1950, als die zentralen Schulungen wieder aufgenommen worden waren, konnte es schon einmal zu einer Auseindersetzung darüber kommen, wieviele von ›welcher Seite‹ an den Seminaren teilnehmen durften und – da die Kassen getrennt waren – auch darüber, ob von katholischen Helferinnen »evangelischer Kaffee« (in den 50er Jahren noch ›Muckefuck‹) benutzt worden war bzw. umgekehrt. In Gesprächen kam man sich aber näher, und die viele Arbeit nötigte ohnehin zur verläßlichen Zusammenarbeit. »Ökumenische Zusammenarbeit wurde im Bahnhof schon realisiert, als sonst noch niemand davon sprach«, berichteten Zeitzeuginnen.[130] Am 11. April 1947 war es im übrigen zu einer ersten Absprache zwischen dem Verein für Innere Mission und dem Caritasverband Bremen – seither Träger der katholischen Bahnhofsmission – über die Zusammenarbeit im Bahnhof gekommen; 1949 dann zu einem formellen Kontrakt über eine Arbeitsgemeinschaft und die Kostenteilung.[131]

Noch weit über die Währungsreform* im April 1948 hinaus blieb nicht nur die Versorgung der Reisenden schwierig, sondern auch die eigene Lage der Bahnhofsmissionarinnen. Gearbeitet wurde 48 Wochenstunden, dabei lagen die Gehälter bei einem absoluten Minimum und reichten kaum für eine selbständige Existenz. Man war weiterhin lange auf Spenden angewiesen; nicht nur von den Sammlungen am Bahnhof, sondern auch auf die finanzielle Unterstützung

* *Die Währungsreform brachte für die Bevölkerung ebenso wie für die Vereine den Umtausch der Reichsmark in Deutsche Mark im Verhältnis 1:10; der Bevölkerung zudem ein einmaliges Kopfgeld von 40,– DM.*

Bremer Bahnhofsmission
Hauptbahnhof
~~Bahnsteig 1a~~

✠

V 12.70/17

(23) Bremen, den 8. Jan. 1947

Insgesamt wurden betreut in der Bf. Mission i. Monat

Januar 1946 : 866 Personen
Februar " : 935 "
März " : 897 "
April " : 939 "
Mai " : 1102 "
Juni " : 1096 "
Juli " : 1134 "
August " : 1052 "
September " : 646 "
Oktober " : 1056 "
November " : 952 "
Dezember " : 891 "

Durchschnittlich monatlich 960 Personen.

960 x 12 = 11520

(Jährl.: 11520 Personen).

Bei dem von uns betreuten Personenkreis handelt es sich durchschnittl. entl. um:

200 Flüchtlinge
200 Heimkehrer
180 Blinde, Kranke u. Gebrechliche
60 Gefährdete u. Ausreißer
190 Jugendliche (14-21 J.)
40 Kinder (1-14 J.)
60 Säuglinge

25 Menschen erhielten Fahrgelder
40 " " " Zehrgelder
150 " " " Brot oder Mittagessen
140 " " " warme Getränke

E. Poppe.
Bf. Mission.

In der Handschrift der Bahnhofsmissionarin Erika Poppe die erste Statistik der Nachkriegszeit. Nachweis: VfIM Bremen

ausländischer Organisationen. Neben kleinen Anteilen aus Care-Paketen für den eigenen Gebrauch erhielten die Frauen – für die Arbeit im kalten Bahnhof hoch willkommen – z.B. Lodenmäntel aus einer Schweizer Spende. Die gemeinsame Not schweißte aber auch zusammen. Es gab unter den Mitarbeiterinnen »viel Spaß, Freude, Solidarität«, private Einladungen und die katholischen Mitglieder bildeten zudem über die Aktion »Sozial-aktiv« der Gemeinde St. Johann einen Freundeskreis . Anregung und Zeit für Besinnung brachten die Schulungen, die in den ersten Jahren vor allem den Charakter von Rüstzeiten hatten, verbunden mit einem Fastentag. Wer teilnehmen wollte, hatte für die Nicht-Fastentage etwas aus einem Care-Paket mitzubringen.

Seit Ende 1948 wird vermehrt über den Bau einer festen Unterkunft für die Bahnhofsmission nachgedacht, zumal der Bahnhofsbunker nach Abebben des Flüchtlingswelle nunmehr als Männerwohnheim genutzt werden sollte und daher eine neue Übernachtungsmöglichkeit gesucht wurde. Die Chance hierzu kam aus privater Quelle, von einem »Freundeskreis«,

in dem sich Menschen trafen – unter ihnen auch einige wohlhabende Kaufleute und Industrielle, die auf ihre »Entnazifizierung« warteten und von Berufsverboten betroffen waren – um private Hilfe zu organisieren und zu leisten. Mitglieder des Kreises waren auch die evangelische Bahnhofsmissionarin und ihre Mutter und ihnen gelang es, eines der Mitglieder zu bewegen, eine größere Holzspende zu ›organisieren‹.[132]

Am 8. März 1949 war es dann soweit. Der Neubau – jenes Gebäude, das der Bahnhofsmission noch heute als Unterkunft dient[133] – konnte eingeweiht werden und mit ihm auch ein Trakt für die Übernachtung von bis zu fünf reisenden Frauen und Kindern. Der Dienst der Bahnhofsmissionarinnen, der haupt- und ehrenamtlichen, erhielt dadurch eine neue Komponente: den nicht eben geliebten Nachtdienst. Zu seinen Aufgaben gehörte es seither nicht nur, spät ankommenden Reisenden das Bett zu richten, sondern auch, die »Schmalzstullen« für den kommenden Tag durch das tägliche Auslassen von mehreren Kilogramm Fett vorzubereiten. Unterstützung fanden die Bahnhofsmissionarinnen zum einen durch Sanitäter des Deutschen Roten Kreuzes, die neben

Aus dem »Material zum Jahresbericht 1949«[135]
– Menschen auf Wanderschaft –

»Eine anhaltende Quelle der Gefährdung ist die Heimatlosigkeit und
die hiermit verbundene Familienlosigkeit wie auch die Arbeitslosigkeit. Der Wanderstrom aus der Ostzone führt in weitaus den meisten
Fällen Gefährdete zu uns, die aus ungünstigen häuslichen Verhältnissen kommen und schon im Osten ihren Arbeitsplatz mit Schwierigkeit behauptet haben. Es ist deshalb nur in wenigen Fällen möglich,
sie hier wieder in eine Arbeit zu vermitteln, obwohl uns das Arbeitsamt bei unseren Bemühungen um die Arbeitsunterbringung unserer
Schützlinge, auch der heimatlichen, nach Möglichkeit behilflich ist.
(...)
Viele dieser Wanderer aus der Ostzone haben gleich bei ihrer
Ankunft in Bremen unsere BM kennengelernt, wo sie sich den ersten
Rat in unserer Stadt holten. In unserem neuen Haus auf Bahnsteig
1a des Hauptbahnhofs wurden sie freundlich empfangen und, seit-
dem wir darin die kleine Küche eingerichtet haben, auch verpflegt.
Ein willkommener Beitrag hierzu sind die regelmässigen Brotspenden
der Bremer Brotfabrik und der Parkbäckerei, wie auch die Gaben der
Bremer Warenverteilungsstelle, die uns mit Suppenwürfeln, Erbswurst
und anderem bedachte. Verpflegt wurden vor allem auch die Heimkehrer. Es waren 336, die 1949 bei uns einkehrten. Wir haben ihnen
nach Kräften geholfen, den in Bremen Bleibenden durch Aufzeigung
der zuerst notwendigen Wege, den Weiterreisenden durch Herstellung der Verbindung mit ihren Angehörigen.
Schwere Sorgen machen der BM auch die Flüchtlinge, vor allem
die heranwachsende Jugend unter ihnen. Die meisten der Jugendlichen wandern von Stadt zu Stadt, und da ihnen überall die Unterkunft verweigert wird, ziehen sie bettelns umher. Wir versuchen in
enger Zusammenarbeit mit den Ämtern, sie in Jugendheimen unter-
zubringen. In Bremen steht dafür nur das bei weitem nicht ausreichende Jugendwohnheim am Halmer Weg zur Verfügung. Wir müssen deshalb viele von ihnen in die Jugendheime Poggenhagen und
Bethel schicken.
Eine weitere Aufgabe entsteht der BM durch die Transporte von
Kindern und Erwachsenen. Im Jahre 1949 waren es 92 Transporte
und 3167 Personen, die betreut wurden. Ausserdem wurden alleinreisende Kinder, Mütter mit kleinen Kindern und hilfsbedürftige Reisende in grosser Zahl von uns versorgt. Zur besseren Erfüllung aller
dieser Aufgaben haben wir im vergangenen Jahr einen Nachtdienst
eingerichtet. Die in unserem Tagesraum zur Verfügung stehenden 5
Betten sind fast jede Nacht belegt. In der Weihnachtszeit haben wir
mit unseren Gästen beim brennenden Baum Weihnachtslieder gesungen. Weihnachtsfreude versuchten wir auch dem Bahnpersonal
zu bereiten, dass wir mit Kaffee und Kuchen versorgten, um unserer
Verbundenheit mit ihnen Ausdruck zu geben.«

der Bahnhofsmission eine Erste-Hilfe-Station unterhielten[134] und die Damen der Mission bei ›Massenabfertigungen‹ wie z.B. den Schülertransporten unterstützten, zum anderen durch die Bahnpolizei. Ohne sie, so schwärmten mehrere Generationen von Bahnhofsmissionarinnen, wäre vieles viel schwerer gewesen. Sie boten nicht nur das dringend benötigte Telefon, sondern halfen den Bahnhofsmissio-

Im Dienstzimmer auf Bahnsteig 1: die Bahnhofsmissionarinnen Frau Held und Frau Schweers (um 1950) Nachweis: VflM Bremen

* Displaced persons waren die von den Nationalsozialisten angeworbenen oder zwangsverpflichteten Personen nichtdeutscher Staatsangehörigkeit. Am Ende des Krieges hielten sich etwa 8,5 Mio. im ehemaligen deutschen Reichsgebiet auf.

narinnen auch aus heiklen Situationen, zum Beispiel mit betrunkenen Männern, und konnten sie vor ›faulen Kunden‹ warnen.

Auch nach dem Umzug in das vergleichsweise komfortable neue Gebäude fand man das Klientel vor allem im Wartesaal 3. Klasse. Es war das »Treibgut« der Nachkriegsjahre: Heimatlose, Umsiedler, Flüchtlinge und Displaced persons*, wie die damalige katholische Bahnhofsmissionarin Frau Groll berichtet.[136] »Es gab viele Menschen, die nicht wußten wohin, auch entlaufende Heimkinder waren darunter. Es gab schreckliche Schicksale. Einmal wurde ich gebeten, auf einen Säugling im Kinderwagen aufzupassen, damit die Mutter das Klo besuchen konnte. Die Mutter erschien nicht wieder. Das Kind wurde in einem Kinderheim untergebracht und Maria März genannt, weil es im März gefunden worden war.[137] Ein großes Problem waren die häufigen ›Verlausungen‹. Zu diesem Zweck kooperierten wir mit der Desinfektionsanstalt hinter dem Bahnhof. Es gab aber auch den normalen Alltag. Wir hielten uns viel auf den Bahnsteigen auf, um nach Hilfsbedürftigen Ausschau zu halten. Die Menschen waren immer nett; sie hatten Hochachtung. Allerdings wurden wir auch vielfach ›betrogen‹, so wurden z.B. die von uns ausgegebenen Fahrkarten einfach verkauft. Später haben wir uns dagegen gewehrt, indem wir für die Abstempelung der Karten sorgten.«

Zwischen Reisehilfe und Sozialarbeit

Die Bremer Bahnhofsmission seit den 50er Jahren

Hatte es die Bahnhofsmission in den ersten Nachkriegsjahren noch überwiegend mit den Auswirkungen des Krieges und des Massenelends zu tun, so waren es seit den 50er Jahren zunehmend Personen, die den Anschluß an das »Wirtschaftswunder« nicht gefunden hatten. »Die Bahnhofsmission ist«, heißt es in einem Bericht aus dem Jahr 1953, »Fürsorgestelle für alle die geworden, die nicht weiter können. Auch Bremer kommen häufig zu uns und bitten um einen Essensschein. Trotzdem wir das ja eigentlich nicht dürfen, lassen wir niemand hungrig weggehen, und wenn es nur eine Tasse Kaffee und ein Butterbrot ist. Im Jahre 1953 haben wir 24.500 Leute betreut und zwar Männer, Frauen, alleinreisende Kinder, Kranke, Strafentlassene, Flüchtlinge, Ostzonenbesucher usw. Nicht immer handelt es sich nur um die Verabreichung einer Tasse Kaffee oder eines warmen Mittagessens, viel öfter bitten sie um Rat und Hilfe in den schwierigsten Lebenslagen. Wir freuen uns, wenn wir helfen können, und da wir denkbar beste Beziehungen zu allen Behörden und zu sämtlichen freien Wohlfahrtsverbänden haben, können wir in den meisten Fällen helfen und lassen die Betreffenden nicht so wieder weggehen. Das Schwere unserer Arbeit ist vielleicht für die Helfer, daß wir unter Umständen nie wieder etwas von den Betreffenden hören und sie nur ein einziges mal zu Gesicht bekommen. Manche sind allerdings auch dabei, die uns noch mal dankbar schreiben, wenn sie später eine Heimat und Arbeit gefunden haben.«[138]

Was hier als Beginn einer neuen Ära geschildert wird, bestimmte – von besonderen, mit politischen Entwicklungen zusammenhängenden Ereignissen abgesehen – die Arbeit im wesentlichen bis in die Gegenwart hinein. »Dienste für Reisende und für ›alle Gestrauchelten‹ hielten sich in etwa die Waage«, berichtete die Bahnhofsmissionarin Frau Hoch[139]

Das Schmalz für die »Schmalzstullen« wurde täglich frisch in der winzigen Küche der Bahnhofsmission zubereitet. Nachweis: Pressefoto Walter Schümann zum Artikel im Weser-Kurier am 12./13.12.1981

auch für die 60er und die 70er Jahre. Aber es gab jeweils ›Wellen‹ besonderer Hilfsbedürftigkeit, und was zu tun war, hing auch davon ab, welche Hilfsmöglichkeiten in der Stadt sonst noch zur Verfügung standen. Für die Wohnungslosen der Stadt, die seit langer Zeit zu den ›Kunden‹ der Bahnhofsmission gehörten, wirkte sich zum Beispiel deutlich aus, daß sich – mit der Schließung des »Bunkers« als Unterkunft im September 1955 – die bremische Wohnungslosenhilfe modernisierte und sich die neuen Einrichtungen der Kommune und des Vereins für Innere Mission als ›Sozialtherapeutische Einrichtungen‹ verstanden. Bei der Bahnhofsmission erschienen jene Menschen, die sich in das neue Konzept nicht fügten. »Oft kamen sie erst nachts«, berichtete die Bahnhofsmissionarin, und »oft blieb uns nichts anderes, als sie wieder wegzuschicken, weil es einfach keine Quartiere für sie gab.« Auswirkungen auf die Missionsarbeit hatte auch, daß noch bis in die 70er Jahre hinein viele Jugendheime ›geschlossene Heime‹ waren. Für viele aus ihnen geflüchtete »Wegläufer« wurde die Bahnhofsmission die entweder freiwillig aufgesuchte oder – nach ›Aufgreifen‹ durch die Bahnpolizei – unfreiwillige letzte Station vor der ›Rückführung‹. Dies bedeutete Telefonate mit Eltern oder Heimen, Kontakte zu Behörden und – wenn es gut ging – womöglich auch nächtelange Ge-

Ein Blatt aus dem Dienstbuch der Bahnhofsmission für den 21. Januar 1967

308 Gehbehinderte Frau. Umsteigehilfe

309 Gert M. und Josef Z. aus St. Gallen Schweiz sind schon 4 Tage in Bremen. Kein Geld. Wir sollten in der Schweiz anrufen. Abgelehnt. Verpflegt

310 Tel. Anfrage, ein Herr aus Rumänien will Freitag eine alte Dame nach Budapest in Hannover in den Zug setzen; ob Kurswagen ab Wien sind? Die Auskunft hat bestätigt.

311 Ein Herr soll liegend nach Bad Mergentheim befördert werden. Zum DRK geschickt

312 Ostzonale Frauen betreut und in den Zug gesetzt, eine zum Taxi begleitet

313 Hilfe am Zuge, 4 Frauen

314 Ein Herr R. fragte, ob wir ihm zu Möbeln verhelfen können; er hat 3-Zimmer-Wohnung. Eine Dame hätte ihm gesagt, er soll öfter vorsprechen, sie will sich bemühen.

315 Samson D., aus der Haft aus Bielefeld entlassen. Verpflegt.

316 Kranker Mann, fragte wegen Übernachtung. Bunker besetzt. Verpflegt. Will zur Wache gehen.

317 Sperre rief durch, Betrunkener, aus TBC-Krankenhaus Entlassener, wolle hier übernachten. An Aufsicht verwiesen. Kam um Mitternacht noch mal wegen Übernachtung und Geld. Abgewiesen. Die am Tage aus Krankenhäusern Entlassenen können nachts bei B.M. keine Fahrkarte erwarten, besonders wenn betrunken.

318 Ein Strafentlassener, suchte Dame von gestern; war erst Jude, dann Halbjude, sprach Hamburger Aussprache. Suchte Frau zum Anlehnen, weils allein nicht geht. Zureden zur Arbeit wurde abgelehnt, eine Frau (zum Unterkriechen) müsse es sein.

319 Frau H. (Jg. 1912) bat um warme Wäsche. Leider nicht vorhanden. Gab ihr schwarze Strickjacke und die schwarzen Schuhe aus der Schweiz.

320 Frl. Iris G. aus E.; 16 Jahre; war mit zwei jungen Leuten auf der Suche nach einem durchgebrannten Freund. Autopanne. Hier angekommen 2.30 Uhr; Übernachtung gegeben. Will morgen mit Zug zurückfahren.

spräche mit den Jugendlichen. Ferner gehörten über viele Jahre Strafentlassene aus Oslebshausen zum Klientel. Einige blieben der Bahnhofsmission über Jahre hinweg ›treu‹, so daß manchmal eine Art regelmäßiges Betreuungsverhältnis entstanden ist. Einige der erneut »Gestrauchelten« wurden im Gefängnis besucht und mit kleinen Gaben bedacht.

In wieder anderen Jahren gab es einen enormen Zustrom von Gastarbeiter« genannt wurden. So kamen etwa Spanierinnen nachts in Bremen an, um am nächsten Tag ihre Arbeit in der Fischindustrie Bremerhavens aufzunehmen. Obgleich die Bahnhofsmissionarinnen jeweils einige Brocken der vielen fremden Sprachen lernten, mußte man sich im wesentlichen der »Sprache der Freundlichkeit« bedienen.[140] Während all der Jahre spielte Alkohol eine große Rolle, später kamen Drogenabhängige dazu. Nicht immer waren es »freundliche Kunden«. Es gab Anpöbeleien und Einbrüche im Haus der Bahnhofsmission, weswegen man sich zu einer Vergitterung der Fenster entschließen mußte und sich fast wie im Gefängnis vorkam. Das »Haste-mal-ne-Mark«-Syndrom, das auch vielen Reisenden am Bahnhof begegnet, begleitete die Bahnhofsmission während der ganzen Jahrzehnte und führte oft zu Gewissenskonflikten. »Ein großes Problem war zu entscheiden, ob man das Richtige getan hatte, nicht zu großzügig war, einzuschätzen, ob jemand wirklich hilfsbedürftig war oder sich etwas erschwindeln wollte.«[141] Aber auch die Armen und Verarmten erschienen bei der Bahnhofsmission. Akut Hungrigen konnte unmittelbar geholfen werden, andere wurden an Kleiderkammern verwiesen; für manche wurden die Bahnhofsmissionarinnen zu ständigen Ansprechpartnern. Immer wieder erschienen auch ›funktionelle Analphabeten‹, verschämte Menschen, die nur den Bahnhofsmissionarinnen ihre Behördenformulare mit der Bitte um Hilfe beim Ausfüllen anvertrauten. In anderen Zeiten und bis in die Gegenwart hinein spielten psychisch verwirrte Menschen eine große Rolle für die Missionsarbeit.

Einen besonderen Arbeitsschwerpunkt bildeten, eigentlich schon seit Kriegsende und dann bis zur Öffnung der ›Mauer‹, die »Ostzonen-Flüchtlinge«, die man später »Besucher aus der DDR« und schließlich »Übersiedler« nannte. Im Falle der Flüchtlinge mußte mit den Flüchtlingslagern und dem Flüchtlingsamt zusammengearbeitet werden. Als ab 1964 auch

Über Paketsendungen an »Ostzonen-Flüchtlinge« wurde genau Buch geführt und dies auch, um die Ankunft der Pakete kontrollieren zu können.
Nachweis: BM Bremen

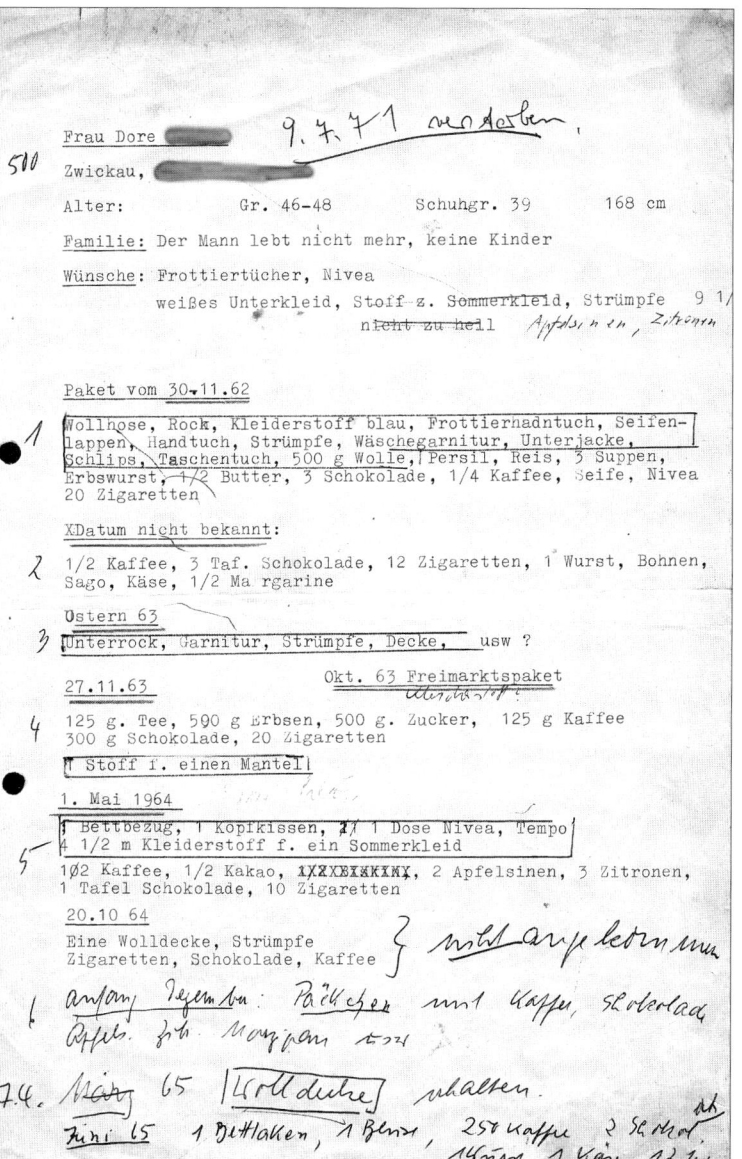

Frau Dore ██████   9.7.71 verdorben,

G 500 Zwickau, ██████

Alter: Gr. 46-48   Schuhgr. 39   168 cm

Familie: Der Mann lebt nicht mehr, keine Kinder

Wünsche: Frottiertücher, Nivea
          weißes Unterkleid, Stoff z. Sommerkleid, Strümpfe 9 1/
                    nicht zu hell Apfelsinen, Zitronen

Paket vom 30.11.62

1 Wollhose, Rock, Kleiderstoff blau, Frottiernadtuch, Seifen-
   lappen, Handtuch, Strümpfe, Wäschegarnitur, Unterjacke,
   Schlips, Taschentuch, 500 g Wolle, Persil, Reis, 3 Suppen,
   Erbswurst, 1/2 Butter, 3 Schokolade, 1/4 Kaffee, Seife, Nivea
   20 Zigaretten

XDatum nicht bekannt:

2 1/2 Kaffee, 3 Taf. Schokolade, 12 Zigaretten, 1 Wurst, Bohnen,
   Sago, Käse, 1/2 Margarine

Ostern 63

3 Unterrock, Garnitur, Strümpfe, Decke,   usw ?

27.11.63   Okt. 63 Freimarktspaket

4 125 g. Tee, 590 g Erbsen, 500 g. Zucker, 125 g Kaffee
   300 g Schokolade, 20 Zigaretten
   1 Stoff f. einen Mantel

1. Mai 1964
   1 Bettbezug, 1 Kopfkissen, 1 Dose Nivea, Tempo
5 1/2 m Kleiderstoff f. ein Sommerkleid
   1Ø2 Kaffee, 1/2 Kakao, 1XXXXIXKIXX, 2 Apfelsinen, 3 Zitronen,
   1 Tafel Schokolade, 10 Zigaretten

20.10 64
   Eine Wolldecke, Strümpfe   } nicht angekommen
   Zigaretten, Schokolade, Kaffee

6 Anfang Dezember: Päckchen mit Kaffee, Schokolade
   Apfels. geb. Marzipan usw

7.4. März 65 Wolldecke erhalten.

Juni 65 1 Bettlaken, 1 Bluse, 250 Kaffee 2 Schokol.
         Kakao, 1 Käse 1 Honig

›legale‹ Besucher, Rentnerinnen und Rentner aus der DDR, kamen, war gewissermaßen ein eigener Besucherdienst aufzubauen. Diverse, oft schon gebrechliche Besucherinnen wurden von den im Reiseantrag bei den DDR-Behörden angegebenen Verwandten nicht abgeholt und mußten irgendwie untergebracht werden. Andere waren ohnehin nur gekommen, um im ›goldenen Westen‹ von den 50.– DM Begrüßungsgeld ein wenig einzukaufen.[142] Die Bahnhofsmission und ihre Träger hatten auch hierfür Verständnis. So hatte lange Zeit jeder Besucher, einen zusätzlichen Wunsch frei, der ihm von den Zuständigen im Verein für Innere Mission oder dem Caritasverband erfüllt wurde. Das konnte ein Spaten sein, oder ein Nylonhemd für den Schwiegersohn, oder ein Kilo Kaffee. Auch hierbei entstanden Beziehungen. Für besonders Hilfsbedürftige wurden deshalb auch außerhalb der Besuche Pakete gepackt. Im Archiv der Bahnhofsmission gibt es ordnerweise Dankesschreiben.

Daß kurz vor und nach Öffnung der DDR – 1989 und 1990 – der Andrang bei der Bahnhofsmission besonders groß war, versteht sich von selbst. Trotz eines organisierten Hilfesystems in der Stadt mit Privatquartieren, welche die Arbeiterwohlfahrt vermittelte, Dienststellen für das »Begrüßungsgeld« und einer Welle von Hilfsbedürftigkeit bei den Bremer Bürgerinnen und Bürgern, landeten Tausende orientierungsloser Besucher auf Gleis 1. Um den Andrang zu bewältigen, mußte sogar zu ungewöhnlichen Mitteln gegriffen werden. Heide Grewe, die damalige ev. Bahnhofsmissionarin, ›orderte‹ kurzerhand Soldaten einer Bremer Kaserne, die dann für einige Nächte den Nachtdienst übernahmen.

Neben der eindrucksvollen einen Hälfte der Arbeit mit »Gestrauchelten« und »besonderen Problemgruppen« gab es immer auch die andere Hälfte der ›normalen‹ Arbeit. Gehbehinderten, blinden Menschen, RollstuhlfahrerInnen, alleinreisenden Kindern oder gebrechlichen alten Menschen Umsteighilfen zu bieten, oder eine ›Hundertschaft‹ von Kindern, die sich auf dem Weg in ein Erholungsheim an der Nordsee befinden, während ihres kurzen Aufenthalts im Bremer Bahnhof zu bewirten, ist nicht besonders spektakulär, aber arbeitsaufwendig und körperlich anstrengend. Die Arbeit setzte und setzt vor allem eine genaue Terminplanung voraus: »Blinde Frau kommt um 15.34 Uhr auf Bahnsteig 8 mit dem Zug aus

ERFRISCHUNGEN

Hannover an. Weiterreise 16.15 von Gleis 10 nach Hamburg. Die Hamburger Bahnhofsmission ist für den Abholdienst zu benachrichtigen.« Solche Eintragungen füllen die Tagebücher der Bahnhofsmission, die auch der Information der nächsten ›Schicht‹ dienen, und bedürfen der exakten Abarbeitung. Zu den ebenfalls unspektakulären aber spezifischen Aufgaben der Bahnhofsmission in Bremen zählen die Kontakte zu und die Vermittlungen an andere Dienststellen und Einrichtungen im behördlichen und kirchlichen Bereich, aber auch Anfragen bei Konsulaten, Rückfragen in Krankenhäusern, bei anderen Bahnhofsmissionen und vielfach auch bei Angehörigen von Besucherinnen und Besuchern. Als »niedrigschwellige« Anlaufstelle war und ist die Bahnhofsmission ein bedeutsames Scharnier zwischen Nothilfe und längerfristiger professioneller Hilfe.

Über diese Tätigkeiten berichtete auch, zumeist aus Anlaß bevorstehender Sammlungen, oder wenn sich ›hoher Besuch‹, ein Senator, ein Bürgermeister, angesagt hatte, die lokale Presse. Solchen Berichten ist es nicht nur zu verdanken, daß die Sammlungen zum Erfolg wurden und sich immer wieder Personen fanden, die sich als ehrenamtliche Helferinnen meldeten, sondern vor allem, daß es praktisch niemanden gibt, der die Bahnhofsmission nicht kennt. Ökonomen würden sagen, die Bahnhofsmission ist ein »Existenzgut«: Die meisten Menschen brauchen sie nicht, wissen aber, daß sie existiert und im Notfall in Anspruch genommen werden kann.

Bis 1987 der ›Übernachtungs-Service‹ wegen Personalmangels eingestellt werden mußte, waren täglich – auch an Wochenenden – 24 Stunden Dienst zu machen. Gearbeitet wurde in drei Schichten, zwei Tagesschichten zwischen 7 und 22 Uhr und eine Nachtschicht. Ohne die Mitarbeit ehrenamtlicher Helferinnen und Helfer wäre dies nicht gegangen. Sie zu finden, wurde allerdings trotz der intensiven Pressearbeit und trotz diverser Vorträge, welche die Bahnhofsmissionarinnen seit den 80er Jahren in Schulen, Jugendgruppen und Frauenvereinen hielten, zunehmend schwerer. Junge Menschen, wie in den Nachkriegsjahren, waren hierfür kaum noch bereit. Die Arbeit lastete daher vor allem auf älteren Damen, später auch Herren »aus allen Schichten«, wie es in diversen Berichten heißt. Sie wurden nach einem genauen Dienstplan, meist einmal die Woche, ›eingesetzt‹ und beteiligten sich an den vierteljährlichen Sammlungen auf dem Bahnhof. Solange es den Nachtdienst gab, versahen ihn jeweils zwei von ihnen für ein kleines Anerkennungs-Honorar. Zwei der zu jeder Zeit zwischen 20 und 30 Helferinnen und Helfer – je die Hälfte evangelisch und katholisch – wurden stellvertretend für alle für ihr Engagement in der Bahnhofsmission mit dem Bundesverdienstkreuz geehrt*. Andere waren gewissermaßen ›berühmte Personen‹ auf dem Bahnhof. So Frau Retzlaff, die 25 Jahre lang auf dem Bahnhof tätig war, Woche für Woche diverse ›Schichten‹ übernahm und deren Abschied mit ›großer Presse‹ und einer Dankesrede des Bahnhofsvorstehers gefeiert wurde.

Ansonsten lag das »Dankeschön« für die freiwilligen Helferinnen vor allem im Dienst selbst, den viele auch als Ausdruck praktischer Nächstenliebe betrachteten und noch heute betrachten. Anerkennung wurde ihnen auch beim jährlichen Sommerausflug und der jährlichen Weihnachtsfeier, immer in Anwesenheit der »leitenden Herren« vom Caritasver-

* *Das Bundesverdienstkreuz erhielten Frau Else Keller am 2.6.1982 für ihr 17jähriges ehrenamtliches Engagement in der Bahnhofsmission sowie Frau Hildegard Pischel für ihre 15jährige Mitarbeit in der Bahnhofsmission und weitere Ehrenämter im Caritasverband am 24.4.1987*

band und dem Verein für Innere Mission, zuteil. Einige kamen auch jährlich auch in den Genuß einer dreiwöchigen Sommerfreizeit, die von den Zentralen für die Helferinnen arrangiert wurden. Allerdings: Nicht alle Freiwilligen bewährten sich in der Arbeit, wie die evangelische Bahnhofsmissionarin der 70er Jahre berichtete. »Wer nicht anpacken wollte, war nicht brauchbar«[143], und das waren eher die »Feineren« als die »Handfesten aus dem Handwerkerstand«. Die Bahnhofsmission lebte davon, daß sie keine zumutbare Hilfeleistung, auch nicht das Tragen schweren Gepäcks, ausschlug. Trotzdem wurde es, besonders als die Männer vom Roten Kreuz 1982 den Bahnhof verließen, notwendig, eine hauptamtliche männliche Hilfe zu haben. Sie wurde in Zivildienstleistenden gefunden.

Tage besonderer Anstrengung waren die Sammeltage. Die 25–30 ehrenamtlichen Sammlerinnen und Sammler waren ausreichend zu verköstigen; nach der Sammlung war das Geld zu sortieren. Es kamen jeweils 3–4000 DM zusammen. Das Geld wurde dann noch abends unter Begleitung der Bahnpolizei zur Sparkasse gebracht. Für die Kostendeckung der Bahnhofsmissionen machten die Sammelbeträge freilich immer unter 10% aus; das Gros der Kosten muß von den Trägerverbänden irgendwie – und meist aus verschiedenen ›Töpfen‹ zusammengestückelt – aufgebracht werden.

Zur Arbeit der Bahnhofs-missionarinnen gehört auch die Öffentlichkeits arbeit. Hier: Bahnhofs missionarin Frau Hoch betreut den Stand der Bahnhofsmission während einer Ausstellung in der Unteren Rathaushalle. Nachweis: Landesbild stelle Bremen

Anstellungsträger für die Bahnhofsmissionarinnen blieben der Verein für Innere Mission und der Caritasverband. Die Dienststellen bzw. ihre Leiter oder Beauftragten waren und sind nicht nur für das ›Organisatorische‹ und ›Finanzielle‹ – wozu auch die Erstattung von durch die Bahnhofsmission verauslagten Fahrgeldern gehört – zuständig, sondern auch für die geistliche und persönliche Betreuung von Haupt- und Ehrenamtlichen, für die Verabschiedung langjähriger Mitarbeiter und für Rat und Vermittlung in vielen Kleinigkeiten. Ihre Aufgabe ist es auch, zusammen mit den Bahnhofsmissionarinnen die Weichen für die Zukunft zu stellen.

Ein Zivildienstleistender hilft einer gehbehinderten Frau. »Zivis«, die zunächst noch »Kriegsdienstverweigerer« genannt und etwa mißtrauisch ›beäugt‹ wurden, wurden seit den 70er Jahren zu einer wichtigen Hilfe für die Bahnhofsmission. Nachweis: Pressefoto Rosemarie Rospek

Weichen für die Zukunft

Hundert Jahre nach Gründung der Bahnhofsmission sind die Dienste der evangelischen und katholischen Bahnhofsmissionen noch immer Teil der Bahnhöfe und Zeugen dessen, was sich täglich in den Wandelhallen und auf den Bahnsteigen abspielt, geblieben. Nie war dies ein einheitliches Publikum. Reisende gehörten immer allen Gruppen der Gesellschaft an, und der Bahnhof mit seinem pulsierenden Leben ist ein Ort geblieben, an dem sich Menschen ›aller Coleur‹ treffen, um zu reden, zu gucken und Kontakte zu knüpfen. Für die Bahnhofs-Verwaltungen war die Heterogenität der Besucherinnen und Besucher schon immer eine Schwierigkeit. Als der Bremer Hauptbahnhof im Jahr 1848 eröffnet wurde, versuchte man das Problem durch gesonderte Räume in den Griff zu bekommen. Wartesäle zwischen dem Fürstenzimmer für den Hochadel und dem Wartesaal für die 3. und 4. Klasse, gesonderte Bahnsteige für die ankommenden und abreisenden Fahrgäste, ein gesonderter Zugang zum Zug für die ›feinen Damen und Herren‹ und ein eigener Damen-Wartesaal ermöglichten es, die Reisenden ›ihrem Stand entsprechend‹ differenziert zu behandeln.[144] Dies hat sich nach dem Wegfall obrigkeitlicher Strukturen nicht mehr durchhalten und legitimieren lassen. Jahrzehntelang nahmen die Bahnhofsverwaltungen in Kauf, daß sich in ihnen – allenfalls durch die Preisgestaltung in den Restaurants und Kneipen im Bahnhof und die Wagen 1. und 2. Klasse abgemildert – Reisende aller Art im Bahnhof und im Zug trafen. Dies zu korrigieren oder doch zu entschärfen, ist das Programm des neuen Besitzers der Bahnhöfe, der Bahn AG.

Das neue Unternehmen und sein privatwirtschaftliches Management unterstellt den Bahnhof dem Leitbild eines »Kundeszentrums der Bahn«. Auch für den Bahnhof soll die Marktlogik gelten; Räume und Angebote sind für die erwünschte Zielgruppe potentieller Kunden attraktiv zu gestalten. Hierzu gehören nicht nur Ladenpassagen, sondern auch »Service-Points«, »Service-Teams«, ein »Gepäckträger-Service« und ein eigener Aufsichtsdienst. Schon deshalb wird die Bahnhofsmission an Aufgaben verlieren. Was die Bahnhofs-

Das gegenwärtige, interkonfessionelle Zeichen der Bahnhofsmission: rosa Kreuz und gelber Streifen.

mission noch bis vor kurzem zu erledigen hatte, nämlich Reisenden Orientierung und umfassende Unterstützung und Entlastung beim Bahnreisen zu geben, ist Sache der Service-Teams geworden; das Tragen des Gepäcks erledigen die Gepäckträger; der Bahn-Schutz sorgt dafür, daß die Reisenden und Kunden nicht zu eng mit den ›Lumpen‹ in und vor dem Bahnhof in Berührung kommen.

Andererseits: Auch die »Neue Bahn« weiß, daß sich gesellschaftliche Randgruppen nicht einfach vom Bahnhof entfernen lassen. Auch in ihren Augen ist die Bahnhofsmission darum nicht überflüssig geworden. Als ein Dienst, der sowohl spezielle Servicedienste für Kunden mit eingeschränkter Mobilität übernehmen könnte als auch eine befriedende Funktion für die ungeliebten Gäste der neuen Erlebniswelt Bahnhof ausübt, bleibt sie grundsätzlich willkommen; Abgrenzungen zu den bahneigenen Service-Angeboten sind freilich noch ungeklärt.

Die Bahnhofsmissionen und ihre Träger müssen sich an dem Prozeß der Neudefinition beteiligen und eine ihrem Selbstverständnis entsprechende Position entwickeln. Mit neuen Leitbildern zwischen »Kirche im Bahnhof« und »Sozialarbeit im Kundenzentrum Bahnhof« sind erste Versuche gemacht worden. Abgeschlossen sind sie nicht. Es spricht aber nichts dagegen, sich beide Leitbilder zu eigen zu machen. Sie entsprechen der Geschichte der Bahnhofsmission, was nicht heißt, daß sie nicht neu interpretiert werden müßten.[145]

Anhang

Anmerkungen

1   Nikles, Bruno: Soziale Hilfe am Bahnhof. Zur Geschichte der Bahn-
    hofsmission in Deutschland (1894–1960). Freiburg i.Br. 1994, S. 17.
2   Verein zur Fürsorge für die weibliche Jugend, 5. Jahresbericht 1896
    [EZA: 7/13475].
3   vgl. Bauer, Rudolph (Hrsg.): Lexikon des Sozial- und Gesundheits-
    wesens. A–F. München u.a. 1992.
4   vgl. Oelschlägel, Dieter in: Bauer, Rudolph (Hrsg.), a.a.O., S. 634.
5   Fliegende Blätter 1866, S. 247, zit. nach Nikles 1994, a.a.O., S. 22.
6   Nikles 1994, a.a.O., S. 14, Anm. 2; ausführlich Nikles, Bruno: Pater
    Cyprian Fröhlich (1853–1931). Ein Wegbereiter des Deutschen Cari-
    tasverbandes. In: Jahrbuch der Caritas '93. Freiburg i.Br. 1994,
    S. 321-331.
7   Die »Innere Mission« der Protestanten in Bayern und München, Pas-
    sau 1895, S. 19, zit. nach Nikles 1994, a.a.O., S. 43.
8   Detailliert über die Gründungsgeschichten berichtet Nikles 1994,
    a.a.O. Er geht auch ausführlich auf die Gründung von ›männlichen‹
    evangelischen und katholischen Bahnhofsdiensten ein. Deren Sorge
    galt den in die Großstädte ziehenden männlichen Jugendlichen. Da
    solche »Bahnhofsdienste« in Bremen nie eine Rolle spielten, wird auf
    sie im folgenden auch nur noch sporadisch eingegangen.
9   Chronik der Bremer Inneren Mission von 1849 bis 1908. In: Bericht
    über das 60. Vereinsjahr 1908, zum 60. Jahrestag im Auftrage des
    Vorstandes herausgegeben von Pastor Constantin Frick. Bremen
    1909.
10 vgl. Büttner in: Bremische Biographie des neunzehnten Jahrhun-
    derts. Bremen 1912.
11 Pastor Cuntz: Bahnhofsmission. Auszug aus den »Erinnerungen aus
    meinem Leben«, weiland Pastor an St. Pauli in Bremen; handschrift-
    lich im Besitz seines Sohnes, Superintendent Cuntz in Hoya/Weser.
    Um 1900. [VfIM Bremen; Akte Schriftverkehr].
12 Die innere Mission in Bremen. Dargestellt von J.Fr. Iken, Pastor in
    Bremen. Hamburg 1881, S. 51.
13 Die innere Mission in Bremen 1881, a.a.O., S. 56.
14 Innere Mission. Bremer Bürger-Zeitung vom 20.10.1898. Zweites
    Blatt.
15 Bremer Kirchen-Blatt, 34. Jg., Nr. 42 vom 16.10.1898, S. 333.
16 Bremer Kirchen-Blatt, 34. Jg., Nr. 46 vom 13.11.1898, S. 366.
17 ebd.
18 vgl. Friese in: Cyrus 1991, a.a.O. sowie verschiedene Quellen des
    Vereins für Innere Mission Bremen.
19 vgl. VfIM Bremen; Jahresbericht 1938.
20 5. Rundschreiben der deutschen Bahnhofsmission. November 1909,
    S. 2 [ADW, BM 329].

21 vgl. Heyne in: Bremische Biographie 1912–1962. Hrsg. v.d. Historischen Gesellschaft zu Bremen und dem Staatsarchiv Bremen. Bremen 1969; Hansen, Eckard: Wohlfahrtspolitik im NS-Staat. Bibliographischer Anhang. Augsburg 1991; Verein für Innere Mission Bremen: Jahresbericht 1914/15.

22 5. Rundschreiben der deutschen Bahnhofsmission, a.a.O., S. 2f.

23 vgl. Heyne, in: Bremische Biographie 1912–1962, a.a.O.

24 Bericht des Vorstandes von Marthasheim in Bremen. In: Bremer Kirchen-Blatt, 41. Jg., Nr. 11, 1905, S. 84-85.

25 So in einer Notiz zur Auswanderermission in Bremer Kirchen-Blatt, 40. Jg., 1904, Nr. 5, S. 38.

26 Bedürfen wir einer Zufluchtsstätte für strafentlassene, arbeits- und obdachlose Frauen und Mädchen? In: Bremer Kirchen-Blatt, 43. Jg., 1907, S. 4.

27 M.B. (Marie Badicke): Die Bremer Bahnhofsmission im Jahre 1910. Bremer Kirchen-Blatt, 47. Jg., 1911, S. 85; Über die Bremer Bahnhofsmission im Jahre 1911. Bremer Kirchen-Blatt, 48. Jg., 1912, S. 160f.; Die Bremer Bahnhofsmission im Jahre 1912. Bremer Kirchen-Blatt, 49. Jg., 1913, S. 155.

28 Eine Biographie Reinecks findet sich in: Die Ev. Bahnhofsmission Nr. 6, Mai 1963.

29 8. Rundschreiben der Deutschen Bahnhofsmission, 1911, S. 10.

30 ebd.

31 M.B.: Die Bremer Bahnhofsmission im Jahre 1910, a.a.O., S. 85.

32 Bericht über die Bremer Bahnhofsmission im Jahre 1911, a.a.O., S. 160.

33 M.B: Die Bremer Bahnhofsmission im Jahre 1910, a.a.O., S. 85.

34 Die hier benutzte Bezeichnung »E.V.« ist erstmals für 1910 (in: Auskunftsstelle für Wohltätigkeit 1910, a.a.O.) nachweisbar. Ein Bericht über die Vereinsgründung und die Satzung war nicht auffindbar.

35 Der Mietvertrag vom 1.4.1914, dem dieses Zitat entnommen ist, wurde uns freundlicherweise von der Verwaltung des Hauptbahnhofs Bremen zur Verfügung gestellt.

36 vgl. Armgort, Arne: Bremen, Bremerhaven, New York 1683–1960. Geschichte der Auswanderung über die Bremischen Häfen, Bremen 1991, S. 77.

37 vgl. Plautin in: Bremische Biographie 1912-1962, a.a.O., S. 423f.; Carlebach-Rosenak, Bella: Lebenserinnerungen. Unveröffentl. Manuskript Key Gardens USA, um 1957 [Fundort: Bibliothek der Jüdischen Gemeinde im Lande Bremen].

38 Zur jüdischen Auswandererfürsorge in Bremen vgl. Armgort 1991, a.a.O., S. 79f.

39 Auskunftsstelle für Wohlthätigkeit 1910 (Hrsg.): Die Wohlfahrtseinrichtungen Bremens. 2. Aufl. 1910, Eintrag Nr. 203..

40 Reineck, Theodora: Die evangelische Bahnhofsmissionarin. In: Innere Mission, 23. Jg. 1928, S. 199, zit. nach Nikles 1994, a.a.O., S. 102.

41 Zur Stimmung der Bevölkerung Bremens zu Beginn des Ersten Weltkrieges vgl. Schwarzwälder, Herbert: Geschichte der Freien Hansestadt Bremen. Bd. II: Von 1810 bis zum Ersten Weltkrieg (1918).

Bremen 1995, S. 603f.

42 Verein für Innere Mission Bremen: 75 Jahre Innere Mission in Bremen. Bremen 1924, Tageseintrag für den 20. Juni 1914.

43 15. Rundschreiben der Deutschen Bahnhofsmission, November 1914

44 vgl. Sarkander in: Bremische Biographie 1912–1962; a.a.O.; Galperin, Peter: Bemerkungen zur Einhundertundfünfundzwanzigjährigen Geschichte des Roten Kreuzes in der Freien Hansestadt Bremen 1866–1991. Bremen 1990.

45 Frick, Constantin: Entstehung und Organisation der Kriegshilfe in Bremen, masch.schriftl. Manuskript vom 24.5.1915 [VfIM Bremen, Akte 1915].

46 Frick, Constantin: Entstehung und Organisation der Kriegshilfe 1915, a.a.O., Bl. 2.

47 Kriegsfürsorge in Bremen, o.A. (vermutlich C. Frick) und o.J. (wahrscheinlich 1917) [VfIM Bremen, Akte 1917].

48 Zentral-Hilfs-Ausschuß vom Roten Kreuz (Hrsg.): Merkbuch für die Fürsorgearbeit. Bremen 1915, S. 20.

49 vgl. hierzu 15. Rundschreiben der Deutschen Bahnhofsmission, November 1914. In diesem Rundschreiben findet sich noch der Hinweis, daß eine der ersten Aufgaben der Bahnhofsmission nach Kriegsbeginn die Betreuung der Transporte rückkehrender Ferienkinder von der Insel Norderney war.

50 17. Rundschreiben der Deutschen Bahnhofsmission, Oktober 1915, S. 7.

51 16. Rundschreiben der Deutschen Bahnhofsmission, Mai 1915, S.15f.

52 Das 1890 gestiftete Adelenstift war eine Erholungseinrichtung für genesende evangelische Frauen und Mädchen aus der freien Hansestadt Bremen in Oslebshausen. Nach dem Ersten Weltkrieg kam es unter die Verwaltung der Ev. Diakonissenanstalt und gehörte damit dem Spitzenverband für die evangelischen Einrichtungen, dem »Evangelischen Wohlfahrtsbund«, an.

53 Nachweise hierzu bei Nikles 1994, a.a.O., S. 119.

54 Verein für Innere Mission Bremen: 75 Jahre Innere Mission; a.a.O., Eintrag für den 1.7.1917.

55 16. Rundschreiben der Deutschen Bahnhofsmission, Mai 1915, S. 7.

56 vgl. Ohl, Otto: Ein Freundesgruß zum 65. Geburtstag: Pastor Bodo Heyne. In: Hand am Pflug, 1958, Nr. 4, S. 5-8 sowie 40 Jahre im Dienst der Inneren Mission. In: Hand am Pflug, 1962, Nr. 5, S. 7-8

57 Niederschrift der Ausschußberatung am 12.11.1925 [ADW, CA Gf/ St 92]

58 Pastor Heyne, Bremen: Gewinnung, Schulung und Versorgung der Berufsarbeiterinnen der Bahnhofsmission (gekürzte Fassung). In: Evangelische Deutsche Bahnhofsmission e.V.: Führertagung Mai 1928. Sonderabdruck der beiden Vorträge, Berlin o.J., S. 11-16 [ADW].

59 a.a.O., S. 13.

60 a.a.O., S. 14f.

61 Aus einem Schreiben des Reichsverbandes vom 31.10.1931 [EZA 7.4096 BM vom Nov. 1921 bis Dez. 1939, Bd. 1).

62 Heyne 1928, a.a.O., S. 15.
63 Zur Geschichte des Sammlungswesens vgl. Dietrich, Christine: »Helft, damit wir helfen können«. Diplomarbeit im Studiengang Sozialpädagogik der Universität Bremen 1995 [StaB].
64 vgl. Bremer Pfarrerbuch. Die Pastoren der Bremischen Evangelischen Kirche seit der Reformation. Bd. 2, bearb. von Hartwig Amman. Bremen 1996.
65 Verein für Innere Mission. Jahresbericht 1921, masch.schriftl. [VfIM, Akte 1921].
66 Zentrale für private Fürsorge (Hrsg.): Die Wohlfahrtseinrichtungen Bremens. Bremen 1929; Eintrag Nr. 194.
67 Verein für Innere Mission. Jahresbericht 1926, Bremen 1927 [VfIM, Akte 1926].
68 Verein für Innere Mission. Jahresbericht 1919, S. 12 [VfIM, Akte 1919].
69 Heyne, Bodo: Umblick und Ausblick. In: Verein für Innere Mission, 75 Jahre, a.a.O., S. 17.
70 Die Evangelische Bahnhofsmission. Rundschreiben Nr. 24. Mai 1919.
71 Die Evangelische Bahnhofsmission. Rundschreiben Nr. 27, Sept. 1921, S. 24.
72 1. und 2. Nachtrag zum Vertrage der Reichsbahndirektion in Hannover mit der Bremer Bahnhofsmission E.V. in Bremen vom 26/31.1.1914 am 2. Januar 1923 und 15. April 1924 [Bahnhofsarchiv Hauptbahnhof Bremen]
73 Die Evangelische Bahnhofsmission. Rundschreiben Nr. 30., September 1924, S. 15.
74 Verein für Innere Mission in Bremen, 75 Jahre, a.a.O.; zur Diskussion in Bremen vgl. Schwarzwälder, Herbert a.a.O., Bd. III, S. 318ff.
75 Die Ev. Bahnhofsmission. Rundschreiben Nr. 27, Sept. 1921; Rundschreiben Nr. 30, Sept. 1924; Bremer Nachrichten vom 12.5.1925.
76 Die Evangelische Bahnhofsmission. Rundschreiben Nr. 30., Sept. 1924, S. 15.
77 Die Evangelische Bahnhofsmission. Rundschreiben Nr. 35., April 1928, S. 39.
78 Heyne: Die Bremer Bahnhofsmission im Jahre 1927. In: Bremer Kirchen-Blatt, Jg. 62, Nr. 22, S. 127.
79 Zentrale für private Fürsorge 1929, a.a.O., Eintrag Nr. 10.
80 Lange, Paul in: Bremische Biographie 1912–1962, a.a.O., S. 307f.
81 Zur Gründungsgeschichte des Vereins in Bremen vgl.: Aus der Geschichte und der Arbeit des kath. Fürsorgevereins in Bremen. Bericht und Bitte des Vorstandes. In: Ansgarius Jg. 2, Nr. 48, 1925, S. 389.
82 ebd.
83 ebd.
84 Heimat für Heimatlose. Ansgarius Jg. 3, Nr. 45, 1926, S. 357.
85 Schreiben des Nationalverbandes an Frl. Floss, Diözesanstelle Osnabrück vom 7. Okt. 1929 [ADCV, Bestand 329.1+127 A-I, Fasz. 3].
86 Schreiben vom 22.10.1929, Generalsekretärin Kath. Fürsorgeverband Dortmund an Pastor Carl Fischer Bremen [ADCV, Bestand 329.1+127 A-I, Fasz. 3].

87 Schreiben vom 29.11.1929, Generalsekretärin Kath. Fürsorge-verband Dortmund an Frau Regieratsrat Dr. Sommer, Bremen [ADCV, Bestand 329.1+127 A-I, Fasz. 3].

88 Schreiben vom 15.6.1931, Diözesansekretärin Kath. Fürsorge-verband Osnabrück an Pastor Fischer Bremen [ADCV, Bestand 329.1+127 A-I, Fasz. 3].

89 ebd.

90 ebd.

91 Schreiben des St. Raphaels-Vereins Zweigstelle Bremen an Verband des kath. Mädchenschutzvereins in der Diözese Osnabrück vom 18. Juni 1931 [ADCV, Bestand 329.1+127 A-I, Fasz. 3].

92 Schreiben vom 1. April 1937; Adressat nicht ersichtlich [ADCV, Be-stand 329.1+127 A-I, Fasz. 3].

93 Schreiben Verein für Innere Mission an Fräulein Denis Freiburg i.Br. vom 7. April 1937 [ADCV, Bestand 329.1+127 A-I, Fasz. 3].

94 vgl. Hansen 1991, a.a.O., Biographischer Anhang.

95 Hilgenfeld, Erich: Aufgaben der NS-Volkswohlfahrt. In: Nationalso-zialistischer Volksdienst, 1. Jg., H. 1, Okt. 1933, S. 4.

96 Ausführlich hierzu Nikles 1994, a.a.O., S. 228 ff sowie Nikles, Bru-no: Machtergreifung am Bahnhof. Nationalsozialistische Volkswohl-fahrt und kirchliche Bahnhofsmission 1933 bis 1945. In: Neue Pra-xis, 19. Jg., 1989, Heft 3, S. 242-261.

97 Archiv des Diakonischen Werks im Rheinland. Schreiben von Theo-dora Reineck Juli 1933, zit. nach Nikles 1989, a.a.O., S. 247.

98 Eine andere Bewertung befindet sich bei Dorothea Schmidt: Reisen-de soll man nicht aufhalten... Zur Geschichte der Bahnhofsmission in Bremen. In: Zwischen Ankunft und Abfahrt. Zur Geschichte des Bremer Hauptbahnhofs. Bremen 1989, S. 152f.

99 Für Bremen haben dies Ingo Marßolek und Rene Ott in ihrem Buch Bremen im 3. Reich. Anpassung – Widerstand – Verfolgung, Bremen 1986, S. 289-302, detailliert beschrieben.

100 ADCV, Bestand 325 I., zit. nach Nikles 1994, a.a.O., S. 260.

101 Eine Reproduktion des Schreibens findet sich bei Nikles, a.a.O., S. 257; das Originaldokument im ADCV, Bestand 281.3, Fasz. 2.

102 Bremer Bahnhofsmission e.V.: Bericht über das Jahr 1937 [ADW I C 4939].

103 Bericht über die Arbeit des Vereins für Innere Mission Bremen im Jahre 1939, Bremen 1940, S. 15 [VfIM Bremen, Akte 1939].

104 Das genaue Übernahmedatum der Bahnhofsmission durch den NSV-Bahnhofsdienst Bremen wird mitgeteilt in Peters, Fritz: Zwölf Jahre Bremen 1933–1945, Bremen 1951, S. 178.

105 Ausführlich vgl. Nikles 1994, a.a.O., S. 275 ff sowie Nikles 1989, a.a.O., S. 242-261.

106 Bremer Zeitung, Nr. 332, vom 2.12.1938 »Ein ›Bergwerk‹ unter den Bahnsteigen«.

107 Peters 1954, a.a.O.; Eintrag für den 1. Juli 1939.

108 Alle Informationen aus der Bremer Zeitung, Nr. 245 vom 6.9.1939 »Unser NSV.-Bahnhofsdienst«.

109 NSDAP Gauleitung Weser-Ems. Amt für Volkswohlfahrt: Jahresbe-richt 1939/40 der Hauptstelle Wohlfahrtspflege und Jugendhilfe, S. 7

[Privatarchiv Eckart Hansen].

110 Die Informationen stammen aus verschiedenen Artikeln der Bremer Nachrichten (17.4.1940 Im Dienst für Volk und Vaterland; 1.9.1940 Wenn ein Wehrmachts-Lazarettzug kommt; 6.9.1940 Ein Jahr Hilfsküche Rembertistraße).

111 Bremer Nachrichten vom 5.12.1940 »Kreisarbeitstagung der Amtsleiter und Stabswalter der NSV.« Zu den Kindertransporten siehe auch Bremer Nachrichten vom 31.7.1940 »15000 Bremer Kinder fahren nach Süd und Ost«.

112 Frauenheim der Inneren Mission, Hansastraße 122/24. Jahresbericht 1939. [VfIM Bremen].

113 Ev. Fürsorgedienst für Frauen und Mädchen. Jahresbericht 1939 [VfIM Bremen].

114 Bericht über die Fürsorgestelle der Inneren Mission vom Jahre 1939 [VfIM Bremen].

115 Bericht über die Arbeit des Vereins für Innere Mission Bremen im Jahre 1939, S. 9 [VfIM Bremen. Akte 1939].

116 Notizen zur Geschichte des Vereins für Innere Mission im Nationalsozialismus; ohne Datum. [VfIM Bremen. Akte Allgemeines].

117 Über die Tätigkeit des Caritasverbandes Bremen in der NS-Zeit liegen keine Informationen vor. Hinweise zum Schicksal einzelner Einrichtungen enthält der Beitrag Hans-Georg Aschoffs: Die katholische Kirche in Bremen im 19. und 20. Jahrhundert. In: Röpcke, Andreas (Hrsg.): Bremische Kirchengeschichte im 19. und 20. Jahrhundert. Bremen 1994, S. 377ff.

118 Zu Einzelheiten des Organisationsaufbaus der Evangelischen Bahnhofsmission vgl. Nikles 1994, a.a.O., S. 318ff.

119 Nach »Der Tagespiegel« vom 17.6.49 [In: EZA 7.4096 Bahnhofsmission Jan. 1940 bis März 1960].

120 Frau Poppe war Bahnhofsmissionarin bis 1947.

121 Verein für Innere Mission Bremen. [VfIM Bremen Akte 1945].

122 Die entsprechenden Vorgänge finden sich im Diözesanarchiv des Bischöfliches Generalvikariats Osnabrück, Bestand V 17. – Frau Schweers, ›Fürsorgerin‹ und Seelsorgehelferin, bekleidete das Amt der kath. Bahnhofsmissionarin zwischen 1946 und 1952.

123 Schriftverkehr im LKA Bremen, Akte BM.

124 Auszüge zur Geschichte des Vereins für Innere Mission Bremen, zusammengestellt von Diakon Karlheinz Franke [VfIM Bremen].

125 Bericht über die Arbeit des Ev. Hilfswerks in Bremen 1947 [VfIM Bremen. Akte Ev. Hilfswerk].

126 VfIM Bremen. Akte 1946.

127 Interview Frau Römmermann, geb. Elsner, am 21.5.1997. Frau Römmermann, eine ausgebildete ›Fürsorgerin‹ und Mitglied der Jugendgruppe für ›Entschiedenes Christentum‹ im Nationalsozialismus, war 1947–1949 ev. Bahnhofsmissionarin.

128 Das Tagebuch befindet sich in Privatbesitz.

129 Interview Frau Erika Groll, geb. Jenzen, am 18.3.97. Frau Groll war 1947 bis 1950 zunächst als Vorpraktikantin, dann als hauptamtliche Mitarbeiterin in der kath. Bahnhofsmission tätig. Auch ihr späterer Ehemann war als Mitglied der katholischen Pfadfinder zwischen

1946 und 1952 ehrenamtlicher Mitarbeiter der Bahnhofsmission.

130 Interviews mit Frau Römmermann sowie Frau Groll.
131 VfIM Bremen. Akte 1947 sowie Auszüge zur Geschichte des Vereins für Innere Mission Bremen von Diakon Franke.
132 Diese Informationen stammen von unserer Interviewpartnerin Frau Römmermann.
133 Sein Abriß ist für 1998, nach Umzug der Bahnhofsmission in die Ladenpassage des neu gestalteten Bahnhofs, geplant.
134 Die Station des DRK bestand bis 1982 auf Gleis 1a. Sie wurde 1910 gegründet.
135 VfIM Bremen. Akte 1949.
136 Interview Frau Groll am 18.03.1997.
137 Vor- und Nachname wurden für diesen Bericht geändert.
138 Aus dem Jahresbericht der Bahnhofsmission. [VfIM Bremen. Akte 1953].
139 Interview mit Frau Hoch, evangelische Bahnhofsmissionarin in den 70er Jahren, am 21.3.1997.
140 So in einem Bericht des Weser-Kuriers [Akten der Bahnhofsmission. Ohne Datum].
141 Interview mit Frau Hoch.
142 Interview mit Frau Agnes Wilke, katholische Bahnhofsmissionarin ab 1967, am 23.4.97.
143 Interview mit Frau Hoch.
144 Vgl. hierzu Schmidt 1989, a.a.O., S. 133-160
145 Zu diesen Überlegungen vgl. Konferenz für Kirchliche Bahnhofsmission in Deutschland (Hrsg.): 100 Jahre Bahnhofsmission, 1994 sowie Manderscheid, Hejo: Sozialarbeit im ›Kundenzentrum der Bahn‹. In: Blätter der Wohlfahrtspflege, Heft 11/12, 1997, S. 249ff.

Archive, Interviews und Literatur

Archive

ABWp – Archiv für Bremische Wohlfahrtspflege
ADCV – Archiv Deutscher Caritasverband, Freiburg
ADW – Archiv Diakonisches Werk der EKD-Berliner Stelle-, Berlin
BM Bremen – Akten der Bahnhofsmission Bremen, Hauptbahnhof Gleis 1 (unsortiert)
DAO – Diözesanarchiv Osnabrück
EZA – Evangelisches Zentralarchiv, Berlin
Hauptbahnhof Bremen – Bahnhofsarchiv
LKA Bremen – Archiv der Bremischen Evangelischen Kirche (Landeskirchliches Archiv)

Privatarchiv Eckhard Hansen, Bremen
Privatarchiv Bruno Nikles, Essen
StaB – Staatsarchiv Bremen
VfIM Bremen – Verein für Innere Mission Bremen. Archiv
 Blumenthalstraße

Interviews

Frau Erika Groll, geb. Jenzen, Kath. Bahnhofsmissionarin
 1946–1950 und Herr Norbert Groll, ehrenamtlicher Helfer 1946–1952; am 18.3.1997.
Frau Renate Hoch, ev. Bahnhofsmissionar 1967–1980; am
 21.3.1997.
Frau Römmermann, geb. Elsner; ev. Bahnhofsmissionarin
 1947–1949; am 21.5.1997.
Frau Agnes Wilke, kath. Bahnhofsmissionarin 1967–1987;
 am 23.4.1997.

Gedruckte Quellen und Literatur

Armgort, Arne: Bremen, Bremerhaven, New York 1683–1960.
 Geschichte der Auswanderung über die Bremischen Häfen, Bremen 1991.
Aschoff, Hans-Georg: Die katholische Kirche in Bremen im
 19. und 20. Jahrhundert. In: Röpcke, Andreas (Hrsg.): Bremische Kirchengeschichte im 19. und 20. Jahrhundert.
 Bremen 1994, S. 319-406.
Aus der Geschichte und der Arbeit des kath. Fürsorgevereins
 in Bremen. Bericht und Bitte des Vorstandes. Ansgarius Jg.
 2, Nr. 48, 1925, S. 389.
Auskunftsstelle für Wohltätigkeit (Hrsg.): Die Wohlfahrtseinrichtungen Bremens. Ein Auskunftsbuch. 1. Aufl. Bremen
 1899.
Auskunftsstelle für Wohltätigkeit (Hrsg.): Die Wohlfahrtseinrichtungen Bremens. Ein Auskunftsbuch. 2. Aufl. Bremen
 1910 (mit einem Nachtrag für 1914).
Bahnhofsmission. Bremer Kirchenblatt, 34. Jg., Nr. 45, 6.
 November 1898, S. 358-359.

Bahnhofsmission. Bremer Kirchen-Blatt, 34. Jg., Nr. 46, 13. November 1898, S. 366-367.

Bauer, Rudolph (Hrsg.): Lexikon des Sozial- und Gesundheitswesens in 3 Bänden. München/Wien 1992.

Bedürfen wir einer Zufluchtsstätte für strafentlassene, arbeits- und obdachlose Frauen und Mädchen? Bremer Kirchen-Blatt, 43. Jg., 1907, S. 4.

Bericht des Vorstandes von Marthasheim in Bremen. Bremer Kirchen-Blatt, 41. Jg., 1905, Nr. 11, S. 84-85.

Bericht über die Bremer Bahnhofsmission im Jahre 1911. In: Bremer Kirchen-Blatt, 48. Jg., 1912, Nr. 20, S. 160-161.

Bremer Pfarrerbuch. Die Pastoren der Bremischen Evangelischen Kirche seit der Reformation. Bd. 2, bearb. von Pastor i.R. Hartwig Amman. Bremen 1996.

Bremische Biographie 1912–1962. Hrsg. v. d. Historischen Gesellschaft zu Bremen und dem Staatsarchiv Bremen. In Verbindung mit Fritz Peters und Karl H. Schwebel bearbeitet von Wilhelm Lührs. Bremen 1969.

Bremische Biographie des neunzehnten Jahrhunderts. Hrsg. von der Historischen Gesellschaft des Kulturvereins, Bremen 1912.

Chronik der Bremer Inneren Mission von 1849 bis 1908. In: Bericht über das 60. Vereinsjahr 1908, zum 60. Jahrestag im Auftrage des Vorstandes herausgegeben von Pastor Constantin Frick. Bremen 1909.

Cyrus, Hannelore u.a.: Von A bis Z Bremer Frauen. Ein biographisches Lexikon. Bremen 1991.

Die Bremer Bahnhofsmission im Jahre 1912. In: Bremer Kirchen-Blatt, 49. Jg., 1913, Nr. 19, S. 155-156.

Die Evangelische Bahnhofsmission. Rundschreiben. Halbjährige Fachschrift für Mitarbeiter und Freunde. (Bis 1916 u.d.T.: Rundschreiben der Deutschen Bahnhofsmission). 6. Rundschr. 1910 bis 51. Rundschr. 1939. Berlin. Mit Lücken: Bibliothek DW Berlin: Zr 33 sowie Einzelhefte in: ADWR: 82.4.1.1; 82.4.1.2.

Dietrich, Christine: »Helft, damit wir helfen können«. Kinderhilfe – Nothilfe – Volkshilfe. 35 Jahre Bremer Sammeltradition (1920–1955). Diplomarbeit im Studiengang Sozialpädagogik der Universität Bremen. Bremen 1995.

Ein ›Bergwerk‹ unter den Bahnsteigen. Bremer Nationalsozialistische Zeitung, Nr. 332 vom 2.12.1938.

Eisenbahn in Bremen. 100 Jahre Hauptbahnhof – 75 Jahre Ausbesserungswerk. Hrsg.: Deutsche Bundesbahn; red. Bearbeitung Werner Busch, Rainer Hebel, Eckhard Möller. Lübbecke 1989.

Etwas über Bahnhofsmission. In: Bremer Kirchen-Blatt, 34. Jg. 1898, Nr. 42, 16. Oktober, S. 333-334.

Eysel, H.: Zehn Jahre Caritasverband in Bremen. Ein Rückblick und Ausblick. Ansgarius. Jg. 5, Nr. 4, 1928, S. 26.

Friese, Marianne: Frauenarbeit und soziale Reproduktion. Bremen 1991.

Galperin, Peter: Bemerkungen zur Einhundertundfünfundzwanzigjährigen Geschichte des Roten Kreuzes in der Freien Hansestadt Bremen 1866–1991. Bremen 1990.

Hansen, Eckhard: Wohlfahrtspolitik im NS-Staat. Augsburg 1991.

Heimat für Heimatlose. Ansgarius. Jg. 3, Nr. 45, 1926, S. 357.

Hennig, Martin: Wie der Meister. Hamburg 1906.

Heyne (Bodo): Die Bremer Bahnhofsmission im Jahre 1927. In: Bremer Kirchen-Blatt, 62. Jg., 1928, Nr. 22, S. 127.

Heyne, Bodo: Gewinnung, Schulung und Versorgung der Berufsarbeiterinnen der Bahnhofsmission (gekürzte Fassung). In: Evangelische Deutsche Bahnhofsmission e.V.: Führertagung Mai 1928. Sonderabdruck der beiden Vorträge, Berlin o.J., S. 11–16 [Fundort: ADW].

Heyne, Bodo: Wiederaufbau bei der Inneren Mission. In: Einkehr, September 1946.

Hilgenfeld, Erich: Aufgaben der NS-Volkswohlfahrt. In: Nationalsozialistischer Volksdienst, 1. Jg., H. 1, Okt. 1933.

Iken, J. Fr.: Die innere Mission in Bremen. Hamburg 1881.

Innere Mission. Bremer Bürger-Zeitung vom 20.10.1898. Zweites Blatt.

Konferenz für Kirchliche Bahnhofsmission in Deutschland (Hrsg.): 100 Jahre Bahnhofsmission. Reutlingen 1994.

M.B. [Marie Badicke]: Die Bremer Bahnhofsmission im Jahre 1910. In: Bremer Kirchen-Blatt, 47. Jg., 1911, S. 85.

Manderscheid, Hejo: Sozialarbeit im ›Kundenzentrum der Bahn‹. In: Blätter der Wohlfahrtspflege, Heft 11/12, 1997, S. 249ff.

Marßolek, Inge und Ott, Rene: Bremen im 3. Reich. Anpassung – Widerstand – Verfolgung. Bremen 1986.

Mohr, Victor: Katholische Auswandererbetreuung am Beispiel des Raphael-Werks. In: Schultz, Karin (Hrsg.): Hoffnung Amerika. Bremerhaven 1994.

Nikles, Bruno: Machtergreifung am Bahnhof. Nationalsozialistische Volkswohlfahrt und kirchliche Bahnhofsmission 1933 bis 1945. In: Neue Praxis, 19. Jg., 1989, Heft 3, S. 242-261.

Nikles, Bruno: Pater Cyprian Fröhlich (1853–1931) - Ein Wegbereiter des Deutschen Caritasverbandes. In: Jahrbuch der Caritas '93. Freiburg i.Br. 1994, S. 321-331.

Nikles, Bruno: Soziale Hilfe am Bahnhof. Zur Geschichte der Bahnhofsmission in Deutschland (1894–1960). Freiburg i.Br. 1994.

Ohl, Otto: Ein Freundesgruß zum 65. Geburtstag: Pastor Bodo Heyne. In: Hand am Pflug, 1958, Nr. 4, S. 5-8.

Peters, Fritz: Zwölf Jahre Bremen 1933–1945. Bremen 1951.

Schmidt, Dorothea: Reisende soll man nicht aufhalten. Zur Geschichte der Bahnhofsmission in Bremen. In: Zwischen Ankunft und Abfahrt: Zur Geschichte des Bremer Hauptbahnhofs; bearb. von Heide Gerstenberger. Bremen 1989, S. 133-160.

Schwarzwälder, Herbert: Geschichte der Freien Hansestadt Bremen. Bd. II: Von 1810 bis zum Ersten Weltkrieg (1918). Bremen 1995.

ders.: Bd. III: Bremen in der Weimarer Republik (1918–1933). Bremen 1995.

Unser NSV.-Bahnhofsdienst. Bremer Nationalsozialistische Zeitung, Nr. 245 vom 6.9.1939.

Verein für Innere Mission Bremen: 75 Jahre Innere Mission in Bremen. 1849–1924. Bremen 1924.

Verein für Innere Mission Bremen: Jahresberichte. (Gedruckte Berichte für 1908; 1913; 1914/15; 1916; 1926–1932; 1934–1939; ungedruckte Berichte für 1917–1925; 1945–1949 [Fundort: VfIM Bremen].

Verein zur Fürsorge für die weibliche Jugend. 5. Jahresbericht. Berlin 1896 [Fundort: EZA: 7/13475].

Vierzig Jahre im Dienst der Inneren Mission. In: Hand am Pflug, 1962, Nr. 5, S. 7-8.

Zentral-Hilfs-Ausschuß vom Roten Kreuz (Hrsg.): Merkbuch für die Fürsorgearbeit. Bremen 1915.

Zentrale für private Fürsorge (Hrsg.): Die Wohlfahrtseinrichtungen Bremens. Bremen 1929.